학교상담
교육실습
매뉴얼

천성문 · 박명숙 · 함경애 · 김미옥 공저

학지사

머리말

    학교는 3월이 얼른 지나가기를 바란다. 3월이 가장 춥고, 3월이 가장 낯설고, 3월이 가장 바쁘다. 그리고 봄을 느끼기도 전에 바람 같은 4월이 지나면 따스한 기운이 학교를 감싼다. 따뜻한 햇살과 아이들의 웃음소리, 교육실습을 하러 나온 실습생들의 열정에 학교가 따스한 기운을 품는다.

    4년간 대학에서 배운 많은 지식을 실제로 현장에서 체험해 보는 경험은 실습생을 두렵고 떨리게 하며, 지도하는 교사에게는 도전의 기회를 준다. 오랜 기간 사범대학에서 교과교육을 전공한 학생들이 실습을 반드시 거치는 것은 그만큼 가르치는 일이 가볍지 않기 때문일 것이다. 그만큼의 중요함과 긴 시간 축적된 경험 덕분에 교과교육 실습에 대한 체계는 많이 이루어져 있다. 그러나 다른 교과에 비해, 그리고 그 중요성에 비해 전문상담교사 양성을 위한 교육실습은 그 과정이나 내용이 체계적이지 않아 아쉽다.

    지식이나 정보를 제공하는 과정을 넘어 학생들의 마음을 만나는 일은 더욱 조심스럽고 전문적이며 체계적이어야 한다. 그래서 이 교재는 학교상담실습생이 4주간의 짧은 실습 기간을 효율적으로 경험할 수 있도록 교육실습 활동을 중심으로 내용을 구성하였다.

    먼저 제1장은 학교상담 교육실습의 개요에 대해 이야기하면서 학교상담 교육실습의 전체 흐름을 파악하도록 작성했다.

    그리고 제2장은 학교상담 교육실습 과정에 대해 정리하였다. 즉, 실습을 나가기 전, 실습을 준비하는 과정부터 실습을 하는 4주간의 과정에서 어떤 경험을 하게 되는지 설명하였다. 특히 상담은 실습 경험이 중요하고 개인상담이나 집단상담, 심리검사 등 실습해야 할 영역도 많으므로 그에 따른 실습 내용과 실습 방법을 중심으로 집필하였다.

또한 제3장은 실습일지 작성법에 대해 정리하였다. 상담의 성격상 그 실습일지는 다른 교과의 실습일지와 차이가 있다. 따라서 상담활동을 중심으로 한 실습일지의 작성법에 대해 간단하게 설명하였고, 더불어 1개월간 학교 현장에서 교육실습생들이 실제로 작성한 실습일지를 실어 두었다. 이처럼 실례를 모아 묶은 것은 실습의 흐름을 이해하는 데 도움을 주기 위해서다.

학교상담 교육실습일지 양식으로 이루어진 부록도 별책으로 구성하였다. 기존에 나온 많은 실습일지는 교과교육 중심으로 구성되어 있어 상담실습에 관한 내용을 기록하기에 부족한 점이 많다. 그래서 이 별책 부록에서는 교육실습에 상담을 접목하여 상담활동에 대한 교육과 실습을 함께할 수 있도록 실습일지를 구성하였다.

저자들은 전문상담교사 양성을 위한 실습 과정의 중요성을 오래전부터 느끼고 있었기 때문에 그것을 체계적으로 정리하고 작성하고자 노력했다. 비록 시작 단계여서 부족함은 많지만 상담실습을 나가는 많은 학생에게 조금이나마 도움이 되기를 바라며, 이것을 시작으로 좀 더 상담실습 과정이 발전해 나가기를 바란다.

서툰 작업을 지지하고 기다려 주신 학지사 김진환 사장님께 감사드린다. 더불어 좋은 조언으로 생각의 물꼬를 터 준 학지사 김은석 부장님께도 감사를 드린다.

실습을 나가는 학생에게나 이 책을 쓴 저자들에게 5월은 설레는 시작일 것이다. 모두에게 봄의 신선한 에너지를 보내며…….

저자 일동

차 례

1

제1장

학교상담 교육실습의 개요

제1장
학교상담 교육실습의 개요

1. 학교상담 교육실습의 개념과 목적

어떤 일에서 순서와 과정을 무시하는 사람에게 우리는 '우물에서 숭늉 찾는다'고 한다. 이는 일에 있어 결과도 중요하지만, 올바른 결과를 도출하기 위해서는 순서와 과정 역시 간과할 수 없다는 의미일 것이다.

교육도 마찬가지다. 정규 과정이든 그렇지 않든 배우고 가르치며, 습득하고 익히는 과정은 절대 쉽게 이루어지지 않는다. 교육에 있어서 가르치는 사람은 배우는 사람과의 교육의 순간을 위해 정성과 준비를 들일 필요가 있다. 그래서 사범대학에서 특정 교과를 전공하거나 일반대학에서 특정 교과와 관련된 전공 및 교직을 함께 이수하면서, 아니면 교육대학원에서 특정 교과를 이수하면서 교사가 되기 위한 준비를 한다. 그리고 그 과정에는 평소 대학에서 배운 이론과 지식을 현장실습하는 단계도 반드시 거쳐야 한다. 실습 과정은 학부생의 경우 마지막 학년에, 대학원생의 경우는 졸업하기 전 봄학기에 일선 학교에 나가 4주간 이루어진다. 다시 말해, 교육실습은 예비교사로서 교사자격증을 취득하기 위한 필수 과정의 일부이며, 교육이론을 부속 또는 협력 학교의 교육 현장에서 실제로 적용·실천함으로써 교사 활동을 직접 체험하고 자신의 교직 적성을 점검 및 평가하는 과정이다(한국교원교육학회, 2001). 또한 그것은 교사로서 갖춰야 할 품성과 능력을 배양하고, 현장의 실정과 문제점을 파악하며, 해결하는 능력을 배양하는 현장 교육이다. 이를 성공적으로 수행했을 때 교사로서의 자격을 인정받고 교사로서 교직 사회에 발을 들여놓을 수 있는 입문 과정을 거친 것이 된다(김헌수, 이난, 2010). 형식적으로 보면 교육실습은 대학의 교육과정 구조상 교직 과정의 일부 과목에 불과하나, 그 과정을 통해 예비교사들은 교사라는 직업이 자신의 적성에 맞는지를 살펴볼 수 있으며 교사가 되어야 할 목적을 분명히 하는 의미 있는 기회를 가질 수 있다.

결국 교육실습이란 첫째, 교사자격증 취득을 위한 법적 요건의 충족을 목적으로 하는 것이고, 둘째, 대학에서 배운 지식이나 이론 및 원리를 교육 현장에서 실천하는 기회이며, 셋째, 교사로서의 자질을 평가하는 경험이다.

전문상담교사를 꿈꾸는 예비교사도 마찬가지다. 전문상담교사를 준비하는 학생들은 학부에서 교직과 심리학을 이수했거나 교육대학원에서 상담심리를 전공한 경우가 대부분이다. 이 예비교사들은 전문상담교사 자격증을 취득하기 전에 대학이나 대학원에서 배운 상담 이론을 학교 현장에 적용하고 실습하는 과정을 거치게 된다. 실제 교육 현장에서 학생들을 만나는 것보다 더 나은 공부는 없으며, 이는 대학 강의실에서 보고 듣는 것 이상의 지식과 배움을 제공한다. 현장에서 이루어지는 학교상담 교육실습은 현장에서 만나는 효과적 학습 형태로 '백문(百聞)이 불여일견(不如一見)'을 넘어 '백문(百聞)은 불여일행(不如一行)'이라는 것을 보여 준다.

학교상담 교육실습은 학과를 수료하고 교사자격증을 수여하기 위한 교육과정의 일부지만, 실질적으로는 전문상담교사로서의 자신을 점검할 수 있는 중요한 기회이기도 하다.

교육실습생은 학교상담 교육실습을 통해 다음과 같은 것을 얻을 수 있다. 첫째, 학교상담자로서의 확고한 신념과 사명감을 갖는다. 둘째, 학교상담자로서의 인간적이고 전문가적인 자질과 능력을 함양한다. 셋째, 개인상담과 집단상담을 비롯한 다양한 상담과 심리검사를 경험하고, 그 과정을 통해 상담 기법과 기술을 함양한다. 넷째, 학교상담활동에 참여하고 학생과 학부모 등 다양한 내담자를 만나 상담을 진행하는 과정을 통해 내담자와 그들의 문제를 이해하는 기회를 갖는다. 다섯째, 학교상담실 운영에 대한 행정상의 처리 과정을 익힌다. 여섯째, 학교상담을 비롯한 학교 교육과 운영의 전반을 이해하고, 그것에 적응한다. 일곱째, 학교상담자로서의 자기 자신에 대한 평가 기회를 갖는다.

이처럼 학교상담 교육실습은 커리큘럼을 습득하는 형식적 과정에 그치는 것이 아니다. 그것은 예비 전문상담교사로서 학교 현장을 이해하고 자신에 대한 깊은 이해와 상담관을 확립하기 위해 상담이론과 실제를 깊이 있게 공부할 수 있는 기회를 제공하는 중요한 과정이자 경험이다. 그 과정이 반드시 성공적일 수는 없겠지만 실수의 과정을 통해 자신에 대한 이해를 넓혀 나갈 수 있으며, 극복하는 과정을 통해 그동안 공부해 온 이론과 생각을 실제로 적용해 나갈 수 있는 전문가로서의 자격을 인정받을 수 있다. 그러한 모든 과정을 거쳐 바로 학교 현장에 투입될 수 있는 전문가로서의 자격과 자질을 갖출 수 있다.

2. 학교상담 교육실습 규정

학교상담을 위한 전문상담교사 양성은 그 필요성이 대두되면서 2004년에 학교폭력예방 대책에 관한 법률의 공포와 함께 그 법률적 근거를 마련하였다.

전문상담교사의 자격 기준은 크게 2가지로 나뉜다. 먼저 2급 전문상담교사의 경우, 교육대학원 또는 교육부장관이 지정하는 대학원의 상담 · 심리 관련 학과 과정을 이수하거나 상담 · 심리 관련 학과를 전공하면서 교직학점을 이수하였을 때 해당 자격증을 취득할 수 있다. 또한 1급 전문상담교사가 되기 위해서는 3년 이상의 교육 경력을 가진 교사가 대학원 과정을 이수하거나 전문상담교사 2급 자격증 소지자가 3년 이상의 경력을 가지고 자격 연수를 받아야 한다.

전문상담교사의 자격은 초 · 중등 교육법 제21조 2항에서 다루고 있으며, 그 자격 기준은 초 · 중등교육법 [별표 2]에서 다루고 있는데 그 내용은 〈표 1-1〉과 같다.

〈표 1-1〉 전문상담교사 자격 기준(초·중등교육법 [별표2])

전문상담교사(1급)	전문상담교사(2급)
1. 2급 이상의 교사자격증(「유아교육법」에 따른 2급 이상의 교사자격증을 포함한다)을 가진 사람으로서 3년 이상의 교육경력이 있는 사람이 교육부장관이 지정하는 교육대학원 또는 대학원에서 일정한 전문상담교사 양성 과정을 마친 사람 2. 전문상담교사(2급) 자격증을 가진 사람으로서 3년 이상의 전문상담교사 경력을 가지고 자격연수를 받은 사람	1. 대학·산업대학의 상담·심리 관련 학과를 졸업한 사람으로서 재학 중 일정한 교직학점을 취득한 사람 2. 교육대학원 또는 교육부장관이 지정하는 대학원의 상담·심리교육과에서 전문상담 교육과정을 마치고 석사학위를 받은 사람 3. 2급 이상의 교사자격증(「유아교육법」에 따른 2급 이상의 교사자격증을 포함한다)을 가진 사람으로서 교육부장관이 지정하는 교육대학원 또는 대학원에서 일정한 전문상담교사 양성 과정을 마친 사람

초·중등교육법

제21조(교원의 자격) ② 교사는 정교사(1급·2급)·준교사·전문상담교사(1급·2급)·사서교사(1급·2급)·실기교사·보건교사(1급·2급) 및 영양교사(1급·2급)로 나누되, [별표 2]의 자격 기준에 해당하는 사람으로서 대통령령으로 정하는 바에 따라 교육부장관이 검정·수여하는 자격증을 받은 사람이어야 한다.(개정 2013. 3. 23.)

학교 현장에서 상담실습을 하기 위해서는 〈표 1-1〉에 제시된 자격 기준 중 전문상담교사 2급의 자격 기준을 만족해야 한다. 엄격하게 말하자면 2급 자격 기준 중 3항은 교육 경력이 전혀 없어도 자격 취득이 가능하도록 범위를 확대한 것으로, 2006년부터 2007년까지 2년간만 한시적으로 운영되었다. 이것은 학교폭력 예방과 바람직한 학교 문화 정착을 위한 학생상담 및 생활지도의 필요성이 높아진 현실을 반영하여 부족한 전문상담교사를 충원하기 위한 조치였다.

그래서 지금은 1항과 2항에 해당해야 학교상담 교육실습을 할 수 있는데, 자격 기준의 1, 2항을 충족하기 위한 공통 필수 과목과 그 이수 과목은 〈표 1-2〉와 같다. 즉, 전문상담교사가 되기 위해서는 공통 필수 과목으로 '심리검사' '성격심리' '발달심리' '특수아상담' '집단상담' '가족상담' '진로상담' '상담의

⟨표 1-2⟩ 전문상담교사 양성 과정의 이수 과목과 학점

구분	이수 영역 또는 과목	소요 최소 이수 학점	
		1급	2급
공통 필수	심리검사, 성격심리, 발달심리, 특수아상담, 집단상담, 가족상담, 진로상담, 상담의 이론과 실제	14학점 이상 (7과목 이상)	14학점 이상 (7과목 이상)
	상담실습 및 사례 연구	20시간 이상 실습(2학점)	
선택	아동발달, 학습심리, 행동수정, 생활지도 연구, 이상심리, 청년발달, 영재아 상담, 학습부진아, 사회변화와 직업의 세계, 학교심리, 적응심리, 사이버 상담, 성상담, 학습상담, 인지심리, 심리학개론, 사회심리, 생리(생물)심리, 인간관계론, 특수교육학개론, 학교부적응상담	4학점 이상 (2과목 이상)	28학점 이상 (14과목 이상)
비고	전문상담교사(1급) 양성 과정의 경우 '상담실습 및 사례 연구'는 학점(교과목)을 이수는 하지 아니하나, 2종 이상의 사례 연구 · 발표를 하고 20시간 이상의 실습을 하여야 한다.		

이론과 실제' 중 7개 이상의 과목에서 14학점 이상을 이수해야 하고, 선택과목으로 '아동발달' '학습심리' '행동수정' '생활지도 연구' '이상심리' 등 21개 과목에서 2개 과목 4학점 이상을 이수하여 총 최소 18학점 이상을 이수해야 한다.

한편, 전문상담교사 1급의 경우 20시간 이상의 상담실습과 2종 이상의 사례 연구를 발표해야 한다. 상담실습과 사례 연구에서는 학점 배정은 없지만 과목을 신청하고 상담일지와 사례보고서를 제출해야 한다. 전문상담교사 양성 과정의 이수 과목과 학점 역시 ⟨표 1-2⟩에서 살펴볼 수 있다.

학업 성적은 각 교과목별로 시험, 출석 상황, 연구보고서, 학습 태도 등으로 평가하는데, 각 과목당 100점 만점에 80점 이상이어야 하고 총 이수 시간의 90% 이상에 출석해야 한다.

그리고 교육대학원에서 상담심리를 전공하고 있는 사람은 교육과정이 포함하는 10개 과목 중에서 18학점과 교직과목 중에서 6학점을 이수하고, 그것을 정상적으로 수료하면 학위 수여와 동시에 전문상담교사 자격증을 받을 수 있도록 하였다.

이는 교육의 주체가 각 대학의 교육대학원이라는 점, 이수 교육과정이 표준화되었다는 점, 그리고 종전에 비해 교육 이수 시간이 증가하였으며 실습 시간이 부과되었다는 점에서 기존의 양성 과정과 크게 차별화된 것이라고 볼 수 있다.

3. 학교상담 교육실습의 주요 내용

교육실습생이 실습 기간에 이수해야 할 주요 내용은 크게 상담 참관, 상담 실무 실습, 학급경영 실습, 생활지도 실습 등으로 나누어 볼 수 있다. 실제 학교 현장에서 상담교사는 학급을 맡아 운영하지는 않지만 학교의 전반적 운영과 학생 이해를 위해 실습 과정을 통해 전문상담교사와 담임교사의 역할을 모두 익히는 것이 필요하다. 이는 다른 교과목 교육실습생들이 전공과목인 교과목과 담임교사의 역할을 모두 실습하는 것과 다르지 않다.

다른 교과도 마찬가지지만 실습에서 효과적인 경험을 하기 위해서는 사전에 충분히 계획하고, 사전 교육과 관찰 등의 과정을 거친 후 실습에 임해야 한다. 따라서 실습은 [그림 1-1]과 같이 관찰 단계, 참가 단계, 실습 단계, 평가 단계의 과정으로 진행하는 것이 일반적이다.

[그림 1-1] 학교상담 교육실습 단계

각 단계에 따른 주요 내용을 살펴보면 다음과 같다.

1) 관찰 단계

관찰 단계는 실제 상담활동에 임하기 전에 학교상담실의 모습을 있는 그대로 관찰하면서 현장에 대한 이해를 더하고, 상담실습을 성공적으로 하기 위해 정보를 얻는 단계다. 이 단계를 통해 교육실습생은 실제 학교 현장에 잘 적응하고 그곳에서 잘 활용할 수 있도록 상담활동, 생활지도, 학급경영과 학교경영 전반에 대한 정보를 얻기도 한다. 이때 관찰하고 파악해야 할 내용은 다음과 같이 정리할 수 있다.

첫째, 학교의 현황과 교육과정에 대해 파악해야 한다. 즉, 학교의 설립 배경과 건학 이념, 교육목표와 교육특성 등 학교 전반의 현황을 숙지하는 것이 필요하다.

둘째, 교육과정의 운영 상황을 파악해야 한다. 즉, 교육과정의 계획과 내용은 물론이고 교육과정의 평가 등에 대해서도 알고 있어야 한다. 이러한 자료는 해마다 학교에서 발간하는 해당 학교의 교육계획서에 반영되어 있어, 이를 통해 학교의 전반적 운영과 특징에 대해 이해할 수 있다.

셋째, 학교 구성원에 대해 파악해야 한다. 학교 구성원은 교직원과 학생을 의미하는데, 교직원의 수와 학생들의 학업 성적 및 생활 태도를 이해해야 하며, 학생들의 신체적·정신적 발달 상황과 건강 상태에 대한 이해도 필요하다. 특히 실습학교의 구성원인 전체 학생뿐 아니라 학교급에 따른 학생들의 일반적 특성에 대해서도 충분히 숙지해야 한다. 그러한 과정은 상담 장면에서 만나는 학생들에 대한 빠른 이해와 접근을 도울 수 있다.

넷째, 학교상담실에 대해 파악해야 한다. 이것은 교육실습생이 가장 중점을 두어야 할 내용이다. 교육실습생은 상담활동에 방해가 되지 않는 범위 내에서 그것에 대한 정보를 얻어야 하며, 학교상담실의 주요 역할과 업무를 숙지할 수 있어야 한다. 또한 상담실에 대한 교사와 학생들의 시각, 학생들의 주 호소문제, 상담의 과정이나 방법, 사용하는 심리검사 등 다양한 영역에 대해서도 이해가 필요하다.

다섯째, 생활지도에 대해 파악해야 한다. 생활지도는 상담과 매우 많은 부분이 중복되지만 상담에 대해서만이 아니라 생활지도에 대한 부분도 충분히 이해할 수 있어야 한다. 교육실습생들은 생활지도를 주로 학급담임 업무를 통해 학습한다. 그들은 담임교사를 비롯하여 다른 교사들의 생활지도에 대한 인식과 태

도, 지도 조직, 진로지도를 위한 배려, 학교에서 사용하는 생활지도 자료, 학부
모의 협력 정도 등을 중심으로 관찰할 수 있다.

여섯째, 특별활동 영역에 대한 관찰도 필요하다. 특별활동은 자치활동, 적응
활동, 행사활동 등으로 이루어진다. 최근 들어 이러한 특별활동의 비중과 중요
성이 커진 만큼, 학교에서 실시하는 다양한 특별활동의 내용과 실시 목적, 실시
방법, 그것이 학생들에게 미치는 영향 등을 관찰할 수 있다.

관찰하면서 알게 된 점이나 느낀 점을 모두 기억하기는 어려우므로 실습일지
나 개인일지를 반드시 휴대하여 관찰한 결과를 꼼꼼하게 기록하는 것이 중요하
다. 관찰 단계는 학교에 따라 차이가 있으나 대부분 실습을 나간 첫 주 정도에
모두 마치게 된다. 그리고 나머지 단계는 교육실습생이 직접 상담에 참여하는
단계이므로 관찰 단계에서 미리 그 내용에 대해 충분히 관찰하고 정보를 얻어
실습을 준비하는 것이 바람직하다.

2) 참가 단계

참가 단계는 실제 상담실습의 직전 단계로서 학교에서 이루어지는 상담활동
에 직접 참가하는 단계다. 이 단계에서는 관찰자가 객관적 인물로서 거리를 두
고 관찰하는 것에서 한발 나아가 상담교사의 보조자 또는 협력자로서의 역할을
담당하게 된다. 이 단계에서 교육실습생은 상담교사에 대한 이해, 학교·학생·
가정·지역사회와의 연결에 대한 이해, 상담활동 체험, 학교상담활동에 대한 계
획 수립 및 체험 활동 등에 참가한다. 한상효(2009)가 제시한 일반 교과 실습생의
참관 내용을 교육실습생의 참가 내용에 적용해 보면 〈표 1-3〉과 같다.

〈표 1-3〉에서 제시한 참가 내용 중 교육실습생에게 가장 중요한 부분은 상담
활동에 대한 내용일 것이다. 교육실습생은 연간계획에 작성되어 있는 학교상담
실의 연간 운영 계획을 참고로 나름대로 상담실 운영의 연간 계획을 작성해 보
거나 상담실을 처음 찾는 학생들에게 상담을 안내할 수 있다. 또한 그들은 전문
상담교사가 원활하게 상담할 수 있도록 필요한 접수 면접지 같은 상담 관련 서
식을 준비함으로써 학교에서 이루어지는 상담활동에 참가할 수 있다. 그리고 학

생들을 대상으로 표준화 검사를 실시하거나 채점 등을 도우며, 전문상담교사가 실시한 상담 내용을 정리하면서 상담 과정과 내담자 문제를 이해하는 과정을 통해 상담에 참가할 수 있다. 마지막으로, 실제 대면 상담에 참가하기 전에 사이버 상담이나 전화 상담 등을 통해 상담의 개념을 정립하고 실제 상담을 경험할 수도 있다.

〈표 1-3〉 학교상담 교육실습생의 참가 내용

내 용	실습 활동
학교경영	• 학급경영과 상담활동에 필요한 자료 수집 • 각종 서식 파악 및 작성 • 각종 행사 준비 및 참여 • 학생 조력활동(학생회, 방과후활동, 동아리활동) • 학교 순회
학급경영	• 학급환경 구성 및 정리 • 출결 사항 점검 • 학급 내 안전생활 지도 • 학급 내 교우관계 파악 • 각종 조사 및 통계
상담활동	• 상담실 연간 운영 계획 작성 • 상담 오리엔테이션 • 상담 관련 서식 준비 및 정리 • 표준화 검사의 실시 및 처리 • 상담 축어록 정리 • 전화 상담 및 사이버 상담 실시
생활지도	• 등 · 하교 지도 • 기본생활지도(급식지도, 점심시간 교내 안전지도, 청소지도) • 교내 및 교외 지도 시 보조 역할 • 특별활동 참가 및 지도 • 학생들과 친밀한 관계 형성

3) 실습 단계

관찰 단계와 참가 단계가 마무리되면 교육실습생은 본격적으로 상담교사의 역할을 실습하게 된다. 실습의 주요 내용은 앞서 〈표 1-3〉에서 제시한 여러 가지 참가 내용 중 상담활동에 해당하는 것으로, 접수 면접, 표준화 검사 실시 및 해석, 개인 및 집단 상담 실시 등을 포함한다.

상담 활동은 대학이나 대학원에서 배운 전공교과를 실제 현장에 적용하는 것이므로 그 어떤 과정보다도 중요하다. 실습생은 상담실습을 통해 학교상담실 운영의 전반적 구조와 상황을 이해할 수 있다. 또한 학생들의 문제에 대한 이해와 접근 방법을 고민하면서 인간에 대한 이해는 물론이고 상담이론에 대해서도 더욱 깊이 있게 접근할 수 있다. 그리고 현장에서 일하는 상담교사들의 상황을 세밀하게 이해할 수 있을 뿐 아니라 그들의 필요와 요구에 대해서도 고민하는 기회를 가질 수 있다. 마지막으로, 실습 단계를 통해 상담교사가 되려고 하는 자신에 대해 깊이 있게 성찰할 수도 있다. 어쩌면 이 실습 단계를 통해 처음 자신에게 던졌던 질문, 즉 '나는 왜 상담교사가 되려고 하는가?'에 부딪힐 수도 있다. 이때 상담교사가 되려는 자신의 자질과 능력, 흥미와 적성 등을 다시 고민하면서 스스로 점검하는 기회를 가질 수 있다. 다른 교과목도 그렇지만, 학교상담은 단순히 상담기술을 모방하는 것이 아니라 상담실습을 통해 내담자를 이해하고, 상담 과정의 계획 및 실천을 탐구하는 과정이다.

학교상담은 목적과 목표를 가지고 꾸준히 진행되어야 하지만, 실제 실습 기간에 이루어지는 상담은 1~2회기의 단기 만남으로 내담자를 충분히 이해하기에는 어려움이 있다. 게다가 교육실습생은 상담이 이루어지는 환경, 학생들의 성향, 상담할 교사의 지도 방법에 대해 잘 모르는 상태에서 상담하기 때문에 단순히 학교상담의 피상적인 부분만을 경험하기 쉽다. 따라서 교육실습생들이 단기간의 교육실습을 통해 의미 있고 효과적인 상담을 경험하려면 실제 상담에서 적용할 수 있는 기술을 익히는 실천 과정으로서의 실습이 이루어져야 한다. 그리고 단순히 상담 기술을 모방하는 수준을 넘어서 상담과 관련된 이론을 현장에서 검증함으로써 해당 이론을 제대로 이해하여 실제에 적용하는 경험을 해야 한다. 이러한 경험을 통해 상담의 이론과 실제 간 차이를 줄이고 전문적 지식을 내면화하여 현장에서 효율적으로 사용할 수 있는 자신만의 방법을 습득할 수 있을 것이다.

4) 평가 단계

일정 기간의 실습이 끝나면 평가 단계에 들어간다. 평가 단계는 교육실습생의 자기평가, 실습 장소인 학교에서 실시하는 학교평가, 교육실습생이 소속한 학과에서 실시하는 학과평가로 나누어 볼 수 있다.

우선, 교육실습생의 자기평가는 실습 과정에서 경험한 것을 바탕으로 자신이 실제 상담교사로 활동할 때 올바르게 역할을 수행했는지 평가하는 것을 의미한다. 이 과정은 교육실습생은 물론이고 이후에 교육실습생이 학교 현장에서 만나게 될 학생들을 위해서도 반드시 필요한 과정이므로, 평가는 비판적이고 객관적으로 이루어져야 한다. 교육실습생 자기평가의 기준을 몇 가지 제시하면 다음과 같다.

- 실습학교의 특성을 잘 이해하고 각종 활동 및 행사에 적극적으로 참여하였는가?
- 내담자의 개인적 문제를 파악하고 지도교사와 협의하였는가?
- 상담 목표에 맞는 상담 방법을 적절하게 사용하였는가?
- 내담자를 이해하고 문제를 돕기 위해 열의를 가지고 참여하였는가?
- 내담자 및 학급 학생들에게 다양한 경험을 제공하였는가?
- 상담교사가 되기 위한 비판과 지도 조언을 수용하고 이를 수정해 나가기 위해 노력하였는가?
- 학교상담 교육실습이 상담교사로서의 자신의 성장과 발달에 도움이 되었는가?

다음으로 학교평가는 실습이 끝날 무렵 학교가 주최하여 교육실습생 전원, 학교 관리자, 실습 담당 교사 등이 참여한 자리에서 실습의 효과성과 현장의 문제점 등에 대해 서로 의견을 교환하며 실습 전반에 대한 종합적 평가를 하는 것이다. 이 외에도 교육실습생을 제외한 나머지 학교 관리자와 관계자들은 교육실습생이 작성한 실습결과보고서를 검토하면서 마련된 기준에 따라 교육실습생의 실습에 대한 객관적이고 공정한 평가 역시 내리게 된다. 이때 실습학교는 각 대학이나 교육부에서 제시한 영역(근무 태도, 일반 자질, 학습지도 능력, 연구조사 활동, 학급경영 및 사무처리 능력)을 기준으로 교육실습생이 상담교사로서의 자질을 어느 정도 갖추었는지 종합적으로 평가한다.

마지막으로 학과평가는 실습이 종료되고 교육실습생들이 각자 대학교에 복귀한 후, 교육실습생, 학과 교수, 후배들이 함께 모여 실습 결과를 상호 평가하는 것을 말한다. 평가회에서는 실습학교의 환경 및 상담실의 특성, 실습학교에서 어려웠던 점, 아쉬웠던 점, 실습하면서 알게 된 점이나 개선점 등을 자유롭게 논의한다.

평가 단계에서 다양한 평가가 이루어지는 것은 그 중요성 때문이다. 실습에 대한 평가는 짧은 시간에 경험한 실습의 효과를 극대화하고, 이후 학교 현장에 투입되어도 즉시 상담활동을 할 수 있는 상담교사를 양성하기 위해 반드시 필요한 과정이다. 그러므로 평가는 형식적으로 이루어지거나 특정 개인 혹은 기관에서 따로 이루어지기보다는 전체적이고 종합적으로 이루어지는 것이 더욱 효과적일 수 있다.

4. 학교상담 교육실습생의 준비

최근 중·고등학교에서는 교육실습생을 받는 것을 꺼리는 경우가 많다. 이처럼 실습생 시절을 경험한 현직 교사들조차 실습생 지도를 어려워하는 이유는 교육실습생이 학교에 머무는 동안, 혹은 교육실습생이 머물다 간 후에 남겨진 학교가 다시 원래의 모습으로 돌아오는 데 제법 오랜 시간과 노력이 필요하기 때문이다. 교육실습생은 이미 성인이므로 실습이 끝난 뒤에는 소속 대학교로 돌아가 바로 적응할 수 있다. 그러나 학교는 교육실습생이 떠난 빈자리를 다시 채우고, 흔들린 학생들의 마음도 다시 바로잡아야 한다. 그러므로 교육실습생은 학교에 머무는 동안 자신의 역할과 그 실습 태도를 가볍게 여겨서는 안 된다.

어느 교과든 마찬가지겠지만 실습생의 역할과 자세는 정식 교사와 다르지 않다. 교육실습생은 실습 기간 중에 학생으로서의 역할보다는 전문상담교사로서의 책임과 의무를 다하며 그 역할에 충실해야 한다. 그러나 실제 학교 현장에 가보면 교사와 학생의 중간 입장에 있는 교육실습생의 역할과 자세는 매우 애매모호할 수 있다. 따라서 여기서는 교육실습생이 실습 과정에서 가져야 할 자세와 그들이 실습 중 경험할 수 있는 어려움을 정리하였다.

1) 학교상담 교육실습생의 자세

학교상담 교육실습생은 대학에서 글로 배운 지식과 이론을 실제 현장에서 한 번 더 복습한다는 배움의 자세를 가져야 한다. 그래서 교육실습생의 자세를 몇 가지로 정리하면 다음과 같다.

첫째, 교육실습생은 학생의 신분이긴 하지만 한 사람의 사회인으로서 책임감 있는 행동을 해야 한다. 그러한 마음가짐은 교육실습생의 행동과 태도에 많은 영향을 미칠 것이다. 아직은 학생이니까, 아직은 배우는 과정이니까 괜찮을 것이라는 생각은 실습 기간 전체에 영향을 주는데, 이는 교육실습생 개인뿐만 아니라 함께 실습하는 다른 실습생, 실습 기관인 학교, 무엇보다 교육실습생들을 만나는 학생들에게도 큰 피해를 줄 수 있다.

둘째, 교육실습생은 자신의 언행에 신중을 기해야 한다. 교육실습생이 학교에 오면 학생들은 많은 관심을 보이면서 쉬는 시간에 실습생실을 기웃거리기도 하고, 교육실습생들이 학교에 있는 교사들보다 어린 경우가 많으므로 그들에게 심리적 거리감을 훨씬 덜 느끼기도 한다. 이때 교육실습생이 그러한 학생들의 반김과 관심에 반응하다 보면 때로는 하지 말아야 할 말과 행동을 하게 될 수도 있다. 교육실습생 역시 아직은 학생의 입장이고, 자신의 학창시절을 돌아봤을 때 학생들의 입장을 더 잘 이해하는 경우도 많을 수 있다. 그래서 그야말로 허심탄회하게 이야기하다 보면 처음 이야기를 나눌 때와 다른 의도나 방향으로 이야기가 흘러가기도 하고, 이후에 눈덩이처럼 불어난 이야기를 감당할 수 없는 경우가 생기기도 한다. 그래서 신중한 중립의 자세를 지키는 것이 중요하다. 특히 학교 상담실에서 만나게 된 학생들의 문제에 대해서는 철저한 비밀 유지가 필요하며,

학교의 기밀이나 다른 교육실습생 또는 교사의 개인적 정보 등에 대해서도 반드시 비밀을 유지해야 한다.

셋째, 배우는 일에 대한 두려움을 버리고 적극적으로 임해야 한다. 배우는 일은 참 어렵지만 그럼에도 반드시 배워야 할 것은 있다. 우리는 몇 번의 넘어짐을 무릅쓰고 일어서는 법을 배웠으며, 손이나 옷을 더럽혀 가면서 젓가락질을 배웠다. 아마 넘어지는 것이나 더럽혀지는 것을 두려워했다면 우리는 아직도 어린아이의 모습인 채 더 큰 세상으로 당당히 걸어 나오지 못했을 것이다. 상담은 사람의 마음을 만나는 일이라 그에 대한 두려움이 더욱 클 수 있다. '혹시 나의 실수로 문제를 해결하기는커녕 더 큰 어려움에 직면하면 어떻게 하나?' 하는 걱정이 학생들을 만나는 교육실습생을 더욱 소극적으로 만들어 버릴 수도 있다. 하지만 그것을 극복해야 한다. 학교에서 이루어지는 상담실습은 보호된 장치 안에서 안전하게 배울 수 있도록 계획된 도전이다. 혹 실수를 하더라도 동료나 선배 교사가 도와줄 것이며, 그들이 교육실습생의 훌륭한 무릎 보호대가 되어 줄 것이다. 허락된 배움의 장에서 물러서지 말아야 한다.

넷째, 관계를 중요하게 생각해야 한다. 학교는 교사가 가르치는 것에 대한 권리를 보호해 주는 장소이며, 독립적이고 수평적인 관계가 보장되는 장소다. 그렇다고 해서 이 관계가 친구 관계처럼 동등한 관계는 아니므로 그것을 유지하는 데에 어려움이 있을 수 있다. 특히 교육실습생은 실습 담당 교사, 교과목(전문 상담) 교사, 담임교사, 타 실습생, 담당하는 학급 학생들, 상담실을 찾는 학생들, 학부모들과 관계를 형성한다. 많은 교육실습생이 학교상담실에서 자신의 역할을 잘 수행하고자 하며, 선배 교사나 학생들에게도 도움이 되고자 할 것이다. 그러기 위해서는 그들과의 관계가 더욱 중요한데, 앞서 언급한 것처럼 성인으로서 자신의 언행에 신중을 기하고, 배우는 일에 좀 더 적극적으로 임한다면 이 많은 관계는 저절로 긍정적으로 해결될 것이다. 따라서 어쩌면 관계는 결과보다 과정에 가깝다고 할 수 있다. 좀 더 구체적인 정보를 바란다면 다음을 읽어 보자.

- 실습 실시 전에 반드시 실습학교를 방문하여 오리엔테이션을 받는다.
- 출근은 학생 등교 시간보다 20~30분 빠르게 하여 상담실에서 실습을 준비

한다.

- 항상 이름표를 소지하여 자신의 신분을 드러낸다.
- 근무 지침은 학교에서 정해 준 것을 따르고 불가피하게 실습 현장을 벗어나야 할 경우에는 반드시 지도교사(실습 담당 교사, 전문 상담 교사, 담임교사) 모두에게 사전에 양해를 구한다.
- 학교 및 상담실의 운영에 적극적으로 협력한다.
- 실습일지는 매일 기록하여 지도교사에게 제출한다.
- 같은 학과 또래 친구라 하더라도 실습 기간에는 서로 높임말을 사용한다.
- 특정 내용에 대한 선전은 하지 않는다.
- 항상 배운다는 자세로 지도교사의 지도를 성실하게 받아들인다.
- 자신이 담당한 일은 정확하게 지킨다.
- 단정한 복장(짙은 화장이나 매니큐어, 짧거나 비치는 옷, 몸에 꽉 끼는 옷 등은 금지)으로 출근한다.

2) 학교상담 교육실습생이 부딪히는 문제

대부분의 교육실습생은 실습을 통해 대학에서 배운 이론과 지식을 실제 실천 현장에 적용함으로써 생생한 학습 과정을 경험할 뿐만 아니라 미래의 진로 계획을 세우는 데도 도움을 얻는 귀중한 경험을 한다. 그러나 때로는 예상하지 못했던 부분에서 어려움을 경험하는데, 이때 자신의 미래에 대한 불안, 자신의 능력에 대한 실망, 다른 교육실습생이나 지도교사와의 갈등, 내담자 학생과의 문제 등으로 심각한 경우 실습 과정 자체에 대한 회의감이나 불편함을 경험하기도 한다. 그러한 문제는 실습 과정 중에 있는 교육실습생들의 귀중한 학습 경험을 방해하기도 하지만, 반대로 문제를 극복하는 과정을 통해 더 소중한 경험을 할 수 있게 하기도 한다. 교육실습생이 실습 과정 중에 부딪힐 수 있는 문제를 예로 들어 보면 〈표 1-4〉와 같다.

교육실습생 개인의 문제 상황이 발생했을 경우에는 문제 상황에 대한 자신의 느낌이나 대처 태도를 탐색하면서 그 상황이 교육실습생 자신을 이해하고, 좀

〈표 1-4〉 교육실습생이 실습 과정 중에 부딪힐 수 있는 문제

구분	문제 내용
실습생 개인 문제	• 지각이나 결석 • 실습 내용 • 실습 시간의 조정 • 실습 취소 • 교육실습생의 정서적 문제 • 전문상담교사에 대한 가치 상실
학생과의 문제	• 학생에게 자신이 실습생임을 알리는 문제 • 학생의 문제나 상황이 악화된 경우 • 학생과의 비밀 보장 • 학생이 개인적 관계 형성을 요구하는 경우 • 학생의 사례(답례) • 교육실습생의 개인 정보를 공개하는 문제
실습 기관과의 문제	• 실습 기관의 불성실한 태도 • 상담실에서의 위치와 역할 • 지도교사의 태도(권위적 · 방임적 태도 등) • 지도교사와의 관계(사적 만남을 요구하거나 교육실습생의 정보를 요구하는 것 등)

더 성숙할 수 있는 기회가 될 수 있도록 긍정적인 자세를 가지는 것도 필요하다. 학생과의 문제는 혼자서 해결하려고 하기보다 지도교사인 전문상담교사에게 해당 상황을 알리고 도움을 요청하는 것이 필요하다. 지도교사의 도움으로 문제를 해결하는 과정을 배우는 것은 어쩌면 실습 과정에서 가장 귀중한 실전 경험이 될 수 있을 것이다. 실습 기관과의 문제가 발생하였을 경우에는 해당 실습 기관과 거리가 있는 객관적인 관계의 사람, 혹은 교육실습생 자신이 가장 신뢰할 수 있는 멘토 또는 동료에게 문제 상황을 밝히고 그에 대한 조언을 얻도록 한다.

　문제 상황은 교육실습생이나 실습학교의 특성에 따라 매우 다양하게 나타날 수 있으므로 가능한 문제 상황을 적절하게 준비하여 실습에서 발생할 수 있는 갈등을 최소화하고, 그것이 적절한 학습 경험이 될 수 있도록 해야 한다.

제 2 장

학교상담
교육실습 과정

제2장

학교상담 교육실습 과정

　학교상담 교육실습은 실습 준비, 실습 초·중기, 실습 종결과 평가 단계로 이루어진다. 실습 준비 단계에는 대학에서 실습에 관한 사전교육을 실시하고, 실습학교를 결정하며, 실습에 앞서 실습할 학교를 예비 방문한다. 실습 초기 단계는 실습 오리엔테이션, 실습생 개별면담, 부서별 교육, 업무이해 등을 포함한다. 대부분의 실습생은 낯선 환경과 업무에 맞닥뜨리면서 실습 초기에 불안을 경험하는데, 체계적인 실습 초기 과정을 통해 실습에 대한 불안을 낮추고 그 욕구를 검토해 볼 수 있다. 그리고 실습 중기 단계에서는 실습생이 실제 경험을 통해 상담 실무를 익힌다. 마지막으로 실습 종결 단계에서는 실습학교에서 이루어지는 실습 경험의 결과를 정리하고, 실습 기간에 자신이 업무를 수행한 정도 및 실습 태도와 전반적인 실습 소감을 평가한다. 또한 이 단계에서는 현장 평가를 통해 학교 관계자가 실습생의 근무 태도, 상담자로서의 자질, 상담실 운영과 내담자 문제처리 능력을 평가하고, 실습생이 실습 기관 만족도, 실습 프로그램 만족도 등을 평가한다. 더불어 교육실습이 끝난 후 대학에서는 대학 교수에 의한 평가와 대학-학교 협의 평가가 이루어진다([그림 2-1] 참조).

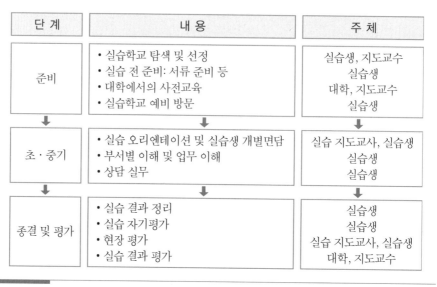

단 계	내 용	주 체
준비	• 실습학교 탐색 및 선정 • 실습 전 준비: 서류 준비 등 • 대학에서의 사전교육 • 실습학교 예비 방문	실습생, 지도교수 실습생 대학, 지도교수 실습생
초·중기	• 실습 오리엔테이션 및 실습생 개별면담 • 부서별 이해 및 업무 이해 • 상담 실무	실습 지도교사, 실습생 실습생 실습생
종결 및 평가	• 실습 결과 정리 • 실습 자기평가 • 현장 평가 • 실습 결과 평가	실습생 실습생 실습 지도교사, 실습생 대학, 지도교수

[그림 2-1] 학교상담 교육실습 단계

1. 실습 준비

실습 준비 단계는 학생들의 실습 경험을 극대화하기 위해 철저하게 준비해야한다. 이 단계에서의 준비는 기관에서의 준비와 실습생의 준비로 나눌 수 있다. 먼저 기관에서는 실습 지도 계획을 세우고, 실습 지도자를 선정하며, 실습학교와 대학 간의 실습 일정을 논의하고, 실습생에게 배정해야 할 사례 선정 같은 사항을 준비한다. 또한 선정된 실습생들에게 오리엔테이션을 실시한다. 그리고 실습생은 실습에 참여하기 전에 효율적인 실습 경험을 하기 위해서 자기에 대한 이해를 높이고, 전문상담교사가 되고자 하는 정체성을 확립하며, 실습학교의 정보를 수집하는 등의 탐색을 통해 실습지를 선정한다. 그 밖에도 실습을 시작하기 전에 필요한 서류를 구비해 두는 등의 다양한 준비가 이루어진다.

1) 실습생의 자기인식 및 정체성 확립

실습생은 실습이 시작하기 전에 실습생 기록지 작성, 자기이해 프로그램 참여

등을 통해 자신의 강점과 한계를 인식하고, 자기의 성격, 취향, 가치관, 능력, 관심, 인간관, 세계관, 미래관 등을 분명하게 이해하여 자신의 정체성을 확립해야 한다. 그로써 상담교사가 되고자 하는 자신에 대한 이해도를 높여 실습 과정에 보다 성공적으로 임할 수 있다.

2) 실습학교 탐색 및 선정

실습의 효과는 실습 기간 중의 노력 못지않게 실습학교의 선택에 영향을 받을 수 있다. 학생들이 실습에 큰 관심과 열의를 가지고 있다 하더라도 실습 경험은 그들의 상담자로서의 준비에 도움이 되지 않는 비효과적인 결과를 가져오기도 한다. 또한 실습 기간의 불필요한 경험으로 인해 학생들이 실습을 그만두는 사례도 간혹 발생하고 있다. 이러한 것은 실습 준비 과정에서의 준비가 부족하기 때문이다.

학교는 1년 중 일정한 기간에만 실습생을 받기 때문에 실습생은 실습학교의 상황이나 일정으로 인해 자신이 원하는 상담 경험을 충분히 얻지 못할 수도 있다. 따라서 수많은 학교 기관 중 학생 자신의 상황과 요구에 적합한 양질의 상담 경험을 얻을 수 있는 실습학교를 선정하는 것은 매우 중요하다.

(1) 실습학교의 선정 절차

실습학교를 선정할 때는 자신의 전공, 통학 거리 등 다양한 사항을 신중히 고려해야 한다. 대학마다 다소 차이가 있지만 일반적으로 교육실습생이 희망 학교를 지도교수에게 신청하면 지도교수가 해당 학교와 연락하여 사전 협의 후 실습학교가 확정된다. 하지만 대학의 사정에 따라 실습생이 해당 학교에 사적으로 연락하여 실습을 결정하거나 실습 담당 행정 직원이 결정해 주는 경우도 있다.

교육실습생은 원활한 실습이 되도록 하기 위해 필요한 경우 학과 선배가 근무하는 곳, 선배가 실습한 곳 등 5곳 정도의 학교를 미리 알아본 후 모든 조건이 양호하고 적절한 학교를 선정한다. 그리고 지정한 양식에 따라 서류를 작성하여 지도교수와 행정 직원에게 제출하도록 한다. 실습학교 선정 절차는 〈표 2-1〉과 같다.

〈표 2-1〉 실습학교 선정 절차	
절 차	실습 활동
1	다양한 경로를 통해 실습학교에 대한 정보를 탐색하고, 적절한 기관을 찾으면 대학의 실습 담당자(지도교수, 학과 조교)에게 기관과의 접촉을 의뢰한다.
2	실습학교에 대한 기초 정보를 탐색함으로써 해당 학기의 교육실습 실시 여부를 확인하고, 기관에 실습신청서를 보내어 실습을 확정받는다.
3	실습학교 선정이 끝나면 실습신청서를 작성하여 담당 조교에게 제출함으로써 해당 기관에 공식적으로 실습을 요청한다.
4	담당 조교가 실습학교에 실습 요청 공문을 보내어 실습이 확정되면, '실습생 결정 통보서'를 확인한 후 실습학교에서 요구하는 과제나 서류 등을 제출한다.

(2) 실습학교 선정 시 고려사항

실습학교 선정 시, 앞서 실습을 실시한 학생이나 학과 조교를 통해 실습 지도자의 상담 철학, 상담 경력, 실습학교의 상담 철학 등이 교육실습생 자신의 실습 목표와 일치하는지 검토한 후 실습을 의뢰해야 한다.

또한 교육실습생 선정을 위한 면접이 있는 학교일 경우 면접 일시와 장소를 확인한 후 면접을 신청해야 한다.

(3) 실습 전에 해야 할 일

- 상담 분야나 실습과 관련된 책 또는 논문을 미리 읽어서 필요한 기초 이론을 학습한 후 실습에 임할 수 있어야 하며, 실습 동안 적용해 보고 싶은 프로그램과 활동을 미리 구상해 보는 등 능동적 태도로 실습에 임해야 한다.
- 실습에 필요한 자료(자기점검 프로파일, 자기소개서, 실습 계획서 등)를 미리 준비해 두어야 한다.
- 실습학교의 정보(명칭, 소재지, 교통편, 소요 시간, 연락처, 실습 지도자 등)를 실습 개시일로부터 일주일 전에 직접 방문하여 파악해 두어야 한다.
- 실습 및 실습 일정에 따른 확인 전화, 신청서 제출 등의 사전 준비를 확인한 후 반드시 시행해야 한다.

3) 실습 전 준비

(1) 자기이해
• 실습생 교육 분석(개인상담) 참여
• 상담자로서의 자기점검 체크리스트(예비상담자 성숙도 검사) 작성(〈예시 1〉 참조)
• 실습생 자기성장 집단상담 프로그램 참여
• 실습생 의사소통 프로그램 참여

상담은 '나'라고 하는 개인의 성격, 행동, 환경이 맺는 상호 관계를 파악하고, 다양한 관점에서 자기와 타인을 보다 잘 이해할 수 있도록 돕는 일부터 시작한다.

중·고등학교에서 학생들의 학업, 진로, 이성문제 및 학교생활 전반에 대해 상담·지도하고, 그들의 성격, 적성, 지능, 진로 및 신체적·정서적·행동적 증상을 평가하기 위한 검사를 실시하며, 검사 결과에 따라 개인상담, 집단상담, 그 밖의 다양한 프로그램을 진행해야 하는 전문상담교사가 되기 위해서는 준비 과정이 필요하다. 자기를 모르고 타인에게 개입하려는 노력은 많은 모순과 갈등을 일으킨다. 또한 사람을 이해한다는 것에는 자기 이외의 다른 사람을 이해하는 것뿐만 아니라 당연히 자기를 이해하는 것 역시 포함된다.

그러므로 실습생은 실습 이전에 자신의 가치관이나 성장 과정 등을 자세히 탐색해 볼 수 있는 프로파일, 교육 분석, 자기점검 체크리스트, 자기성장 집단상담 프로그램 등을 통해 자기를 이해하는 과정을 경험해야 하며, 학생과의 원활한 의사소통을 위해 실습 전에 의사소통 프로그램에 참여함으로써 학교상담교사로서의 역량을 기르는 것이 필요하다.

(2) 준비서류
• 학교상담 교육실습 신청서
• 자기소개서
• 실습 준비서

〈예시 1〉

예비상담자 성숙도 검사

※ 다음은 자신에 대한 생각이나 느낌, 태도를 나타내는 문항들입니다. 자신을 가장 잘 나타낸다고 생각하는 부분에 ○표해 주십시오.

번호	문항	전혀 그렇지 않다	대체로 그렇지 않다	별로 그렇지 않다	약간 그렇다	대체로 그렇다	매우 그렇다
1	살아온 내 인생을 돌이켜 볼 때 현재의 결과에 만족한다.	1	2	3	4	5	6
2	이제껏 살아온 삶의 방식을 뒤늦게 바꿀 수 없다고 생각한다.	1	2	3	4	5	6
3	나는 거의 항상 내가 어떻게 느끼고 있는지를 정확히 안다.	1	2	3	4	5	6
4	다른 사람과의 약속은 꼭 지키는 편이다.	1	2	3	4	5	6
5	나는 마음이 느긋하고 여유 있는 편이다.	1	2	3	4	5	6
6	나는 명쾌한 해답을 찾지 못하는 전문가는 대단한 전문가가 아니라고 생각한다.	1	2	3	4	5	6
7	나의 장래 일에 대한 결정을 미리 생각하고 싶지 않다.	1	2	3	4	5	6
8	과거에 실수를 저지르기도 했지만, 전체적으로 모든 일이 잘 되었다고 생각한다.	1	2	3	4	5	6
9	현재의 내 활동반경(생활반경)을 넓힐 생각이 없다.	1	2	3	4	5	6
10	나는 보통 내 감정에 대해 명확히 안다.	1	2	3	4	5	6
11	다른 사람들로부터 신용 있는 사람이란 말을 자주 듣는다.	1	2	3	4	5	6
12	나는 흥분을 잘한다.	1	2	3	4	5	6
13	나는 모호하고 불확실한 상황에 처하면 불안하고 스트레스를 받는다.	1	2	3	4	5	6
14	나는 목표를 정해 놓고 행동한다.	1	2	3	4	5	6
15	많은 면에서 내가 성취한 것에 대해 실망을 느낀다.	1	2	3	4	5	6
16	현재의 생활방식을 바꿔야 할 새로운 상황에 처하는 것을 싫어한다.	1	2	3	4	5	6
17	종종 나는 나의 감정이 무엇인지 구별할 수 없다.	1	2	3	4	5	6
18	나는 무슨 일에서든 책임의 한계를 명확히 한다.	1	2	3	4	5	6
19	전반적으로 나에게 나쁜 일보다는 좋은 일이 더 많이 일어날 것이라고 생각한다.	1	2	3	4	5	6
20	나는 불확실한 상황에서도 잘 견딘다.	1	2	3	4	5	6
21	나의 뜻대로 일이 진행되리라고 믿는다.	1	2	3	4	5	6
22	나 자신에 대해 자부심과 자신감을 갖고 있다.	1	2	3	4	5	6
23	나는 인생살이에 자극을 줄 새로운 경험을 많이 하는 것이 중요하다고 생각한다.	1	2	3	4	5	6
24	지금 내가 할 일이 무엇인지 잘 알고 있다.	1	2	3	4	5	6
25	부탁받은 일은 밤을 새워서라도 한다.	1	2	3	4	5	6
26	나는 평소에 기분이 거의 좋은 편이다.	1	2	3	4	5	6
27	종종 내 삶은 무의미한 것 같다.	1	2	3	4	5	6
28	내 성격의 거의 모든 면을 좋아한다.	1	2	3	4	5	6

29	나에게 있어 삶은 끊임없이 배우고, 변화하고, 성장하는 과정이다.	1	2	3	4	5	6
30	나는 항상 불안하고 뭔가 쫓기는 기분이다.	1	2	3	4	5	6
31	나의 삶의 목표는 비교적 명확하다.	1	2	3	4	5	6
32	나는 한 주일 동안에도 자주 기뻤다가 슬퍼지고, 그리고 슬펐다가 기뻐지곤 한다.	1	2	3	4	5	6
33	나는 내 미래에 대해 낙관적이다.	1	2	3	4	5	6
34	달성할 일이 무엇인지, 그것이 어떻게 달성될 수 있는지를 알 수 있는 명확한 직업이 좋다.	1	2	3	4	5	6
35	많은 사람이 모이는 모임을 즐긴다.	1	2	3	4	5	6
36	다른 사람의 입장을 잘 이해해 주는 편이다.	1	2	3	4	5	6
37	사람들은 나를 다소 차갑고 쌀쌀맞다고 생각한다.	1	2	3	4	5	6
38	내 생각과 감정을 그대로 솔직하게 말한다.	1	2	3	4	5	6
39	사람은 누구나 자기 나름대로 장점을 지니고 있다.	1	2	3	4	5	6
40	혼자 있는 것보다 여러 사람과 같이 있는 편이 즐겁다.	1	2	3	4	5	6
41	나는 다른 사람의 말이나 행동을 평가하기에 앞서 그의 입장이라면 어떤 기분이나 감정일지를 먼저 생각하는 편이다.	1	2	3	4	5	6
42	사람들은 나를 무뚝뚝한 사람이라고 생각한다.	1	2	3	4	5	6
43	나는 내 감정을 잘 표현하는 사람이라고 생각한다.	1	2	3	4	5	6
44	사람들은 스스로 자신의 일을 해결할 수 있는 능력을 지니고 있다.	1	2	3	4	5	6
45	사람들과 얘기하는 것이 즐겁다.	1	2	3	4	5	6
46	다른 사람의 사정이나 형편을 잘 배려하는 편이다.	1	2	3	4	5	6
47	사람들은 나를 따뜻하고 친절한 사람이라고 생각한다.	1	2	3	4	5	6
48	나는 나의 감정을 다른 사람들에게 표현하지 않는다.	1	2	3	4	5	6
49	사람들은 누구나 이 세상에 존재할 만한 이유와 가치가 있다.	1	2	3	4	5	6
50	여러 사람과 어울리기를 잘 한다.	1	2	3	4	5	6
51	다른 사람이 어려운 일을 당하면 잘 도와주는 편이다.	1	2	3	4	5	6
52	사람들은 나와 쉽게 친해질 수 있다고 생각한다.	1	2	3	4	5	6
53	나는 꾸밈없이 있는 그대로 행동한다.	1	2	3	4	5	6
54	대부분의 사람들은 정직하고 믿을 만하다.	1	2	3	4	5	6
55	남들과 같이 일하기보다 혼자서 일하는 것이 더 좋다.	1	2	3	4	5	6
56	다른 사람의 말을 진지하고 성실하게 들어준다.	1	2	3	4	5	6
57	가끔 다른 사람들과 이야기할 때 마음이 편치 않으면서도 겉으로는 아무렇지도 않은 듯 대화한다.	1	2	3	4	5	6

* 2, 6, 7, 9, 12, 13, 15, 16, 17, 27, 30, 32, 34, 37, 42, 48, 55: 역채점 문항

출처: 이한녕(2005). 상담자성숙도 검사개발 및 타당화 연구. 가톨릭대학교 대학원 석사학위 논문을 토대로 수정·보완함.

성숙도 채점
57~114점: 상담자 성숙도 낮음
115~228점: 상담자 성숙도 보통
229점 이상: 상담자 성숙도 높음

학교상담 교육실습 신청서, 자기소개서, 실습 준비서는 실습을 시작하기 전에 실습생이 작성하여 실습 기관에 제출하는 것으로, 여기에 실습생의 간단한 인적 사항과 경력, 전문상담교사가 되고자 하는 동기 등을 작성한다. 자세한 내용은 〈예시 2〉, 〈예시 3〉, 〈예시 4〉와 같다.

(3) 대학에서의 사전교육

실습에 앞서 대학에서는 실습 예정자를 대상으로 지도교수가 사전교육을 실시한다. 이때 지도교수는 실습의 실제를 간략하게 소개하면서 각 상황에서 주의해야 할 사항을 소개하고, 평가와 관련하여 각 시기별로 제출해야 할 서류 및 과제물과 그 작성 요령을 안내한다.

(4) 실습학교 예비 방문

실습생은 예비 방문을 위해 미리 실습학교의 담당자와 통화한 후 방문 날짜와 시간을 정해야 한다. 방문할 때는 자신에 대해 소개하고, 대학에서 실습학교에 전달하라고 한 각종 서류와 전달사항을 전하며, 실습 담당 교사의 안내에 따라 교장, 교감 및 관련 분야 부장 교사를 만나도록 한다.

이때, 예비 방문 시 받을 수 있는 질문사항, 즉 자신에 대한 간단한 소개, 장래 계획, 실습학교를 선정하게 된 이유, 이상적인 상담교사상, 실습에 임하는 자세 등에 대해 적절한 답변을 미리 생각해 두는 것이 좋다. 응답을 할 때는 공손한 태도를 유지하면서 자신감 있고 정확한 말투를 유지하는 것이 필요하다. 그리고 실습 담당교사와의 간단한 면담을 통해 실습 전에 준비해야 할 것을 알고 실습 당일 당황하지 않도록 해야 한다.

〈예시 2〉

학교상담 교육실습 신청서

<table>
<tr><td rowspan="7">신청학생
인적사항</td><td>학부(과)</td><td>교육학과</td><td>전 공</td><td>상담심리</td></tr>
<tr><td>학 번</td><td>2011××××</td><td>학 년</td><td>4학년</td></tr>
<tr><td>성 명</td><td colspan="3">한글: 김 실 습   한자: 金 實 習</td></tr>
<tr><td>주민등록번호</td><td colspan="3">871111-2222222</td></tr>
<tr><td>주 소</td><td colspan="3">○○시 ○○구 ○○동 ○○아파트 100동 1004호</td></tr>
<tr><td rowspan="2">전 화</td><td colspan="3">자택: 051) ×××-××××</td></tr>
<tr><td colspan="3">휴대폰: 010-△△△△-××××</td></tr>
<tr><td rowspan="4">실습 기관</td><td>기 관 명</td><td colspan="3">××중학교</td></tr>
<tr><td>주 소</td><td colspan="3">부산시 ××구 △△동 ○○번지</td></tr>
<tr><td>전 화</td><td colspan="3">051) ×××-××××</td></tr>
<tr><td>실습담당
부서명</td><td colspan="3">상담</td></tr>
<tr><td colspan="2">실습예정기간</td><td colspan="3">2014년 5월 6일 ~ 2014년 5월 31일 (4주)</td></tr>
</table>

위와 같이 학교상담 현장실습을 신청합니다.

2014년 4월 20일

신청인: 김 실 습 (서명 또는 날인)

E-mail: kimtlftmq@hanmail.net

〈예시 3〉

자기소개서

1. 인적사항

사진 3×4	성명	김실습	주민등록번호	871111-2222222
	소속	상담대학교	지도교수	최상담
	현주소	○○시 ○○구 ○○동 ○○아파트 100동 1004호		
	전화번호	자택: 051)×××-×××× 휴대폰: 010-△△△△-××××	E-mail	kimtlftmq@hanmail.net

2. 경력

구분	기관	기간	내용
1	○○광역시 청소년지원센터	2011년 3월 2일 ~ 2011년 12월 31일	자원봉사자
2	○○대학교 학생상담센터	2012년 3월 2일 ~ 2013년 2월 28일	인턴 상담원

3. 전문상담교사가 되고자 하는 동기

아직도 진로에 대해 고민이 많지만 고등학교 때부터 사람의 심리에 대한 관심이 아주 많았고, 사람을 도우며 살아가고 싶으며, 교사라는 직업에 대한 선망을 가지고 있어 이를 동시에 할 수 있는 일을 찾다 보니 가장 적합하고, 나의 적성과 흥미에도 맞을 것 같다는 생각을 갖게 되었다.

4. 학교상담교사가 되기 위한 자신의 강점과 약점

구분	상담지식과 기술 측면	개인적인 특성 측면
강점	다양한 워크숍에 참여하는 등 상담에 대해 배우고 익히려는 의지가 다른 누구보다 강하며 꾸준히 실천하고 있다고 생각한다.	사람들과 잘 어울리고, 나에게 맡겨진 일에 대한 책임감이 강하며, 상대방의 이야기를 잘 들어주고 이해심과 포용력이 높다.
약점	학부 때 상담과 관련된 전공을 하지 않아서 아직은 상담에 대한 전반적인 이해 정도와 전문 지식 및 기술은 미흡한 점이 많다.	사람과 친밀해지는 데 시간이 좀 걸리고 친해질 때까지는 꼭 필요한 이야기만 하는 등 내향의 성향이 강하다.

5. 실습 과정 중에 꼭 해 보고 싶은 것

실습 기간에 학생들이 가지고 있는 고민을 함께 나눌 수 있는 친구 같은 선생님이 되고 싶다. 선생님으로서의 권위나 상하관계를 따르는 교사와 학생 사이가 아닌 상담자로서의 따뜻함과 이해심, 포용력을 가지고 학생들과 관계를 만들어 학생들이 여러 가지 고민을 언제든지 이야기하고 싶어 하는 따뜻하고 가까운 선생님이 되고 싶다.

〈예시 4〉

실습 준비서

학교	○○대학교	학번	2011××××××
성명	김 실 습		

기관명	××중학교
주소	부산시 ××구 △△동 ○○번지
전화번호	051) ×××-××××
실습 시기	2014년 5월 1일(금) ~ 2014년 5월 30일(금)
실습 지도자	박 지 도

◆ 실습 목표

실습을 통해 내가 학교상담교사로서의 역량을 얼마나 갖추고 있는지, 부족한 부분은 무엇인지 살펴보고 보완하고자 한다.

◆ 실습지 선택 이유

선배 실습생을 통해 ××중학교의 실습 과정이 매우 알차며 많은 것을 배울 수 있다는 이야기를 듣고 좋은 지도를 받고자 선택하게 되었다.

◆ 실습을 통해 배우고 싶은 것

실제 학교 현장에서 발생하는 학생들의 여러 가지 어려움을 도울 수 있는 적절한 상담 방법과 상담교사로서의 자세, 준비 등에 대해 알고 싶다.

◆ 실습지 및 실습 지도자에게 바라는 점

상담에 관한 많은 정보를 알고 싶습니다. 실제 상담 장면을 관찰하고 상담에 참여하여 현장의 실제를 경험할 수 있도록 도와주시고 학교상담자로서 부족한 점, 준비해야 할 점 등을 잘 알려 주시기 바랍니다.

2. 실습 초기

실습 초기 단계에서는 실습을 본격적으로 시작하기 전, 실습 첫 날이나 첫 주에 학교에서 실습생을 대상으로 실습과 관련된 오리엔테이션을 진행한다. 여기서는 학생이 실습을 시작하기 전에 실습 과정에 대한 전반적인 정보를 제공하고 실습에 임하는 실습생의 자세를 강조하며, 실습 기관인 학교에서는 학교 소개를 비롯하여 실습에 대한 기본 내용을 알려 준다.

이 단계는 실습 오리엔테이션, 실습 계획서 작성, 실습생의 초기 불안 처리, 상담 신청 및 접수 면접 등을 포함한다. 대부분의 실습생은 낯선 환경과 업무에 맞닥뜨리면서 실습 초기에 불안을 경험하는데, 체계적인 실습 초기 과정을 통해 그러한 실습생의 불안을 낮추고 실습에 대한 욕구를 검토해 볼 수 있다.

> **Tip**
>
> • **실습 오리엔테이션**: 상담실습 과정에 대한 정보와 실습생으로서의 자세, 기관 소개, 실습의 내용 등을 학생에게 알려 준다.
>
> • **실습 계획서 및 주간 활동안 작성**: 실습생은 주어진 실습 기간 내에 무엇을 어떻게 배울 것인지 정하기 위해 실습 초기 단계에서 실습 지도교사와 함께 구조화된 실습 계획서 및 주간 활동안을 작성한다.
>
> • **실습일지 작성**: 실습일지는 실습이 진행되는 동안 실습생이 경험하는 것을 매 회 기록하는 것으로, 실습 일정 및 내용, 실습생 의견, 실습 지도자의 수퍼비전 등을 포함한다.
>
> • **실습생의 초기 불안 처리**: 실습을 앞두고 있는 실습생들이 불안을 줄여 실습 활동에 집중할 수 있도록 한다.
>
> • **상담 신청 및 접수 면접**: 이 과정을 통해서 학생의 문제 파악이나 개입 전략 수립 등이 처음으로 이루어진다. 또한 이것은 학생을 이해하고 상담하기 위한 관계의 시작이므로 실습생들이 접수 면접의 중요성을 숙지하고 이를 활용하도록 해야 한다.

1) 실습 오리엔테이션

현장 경험이 없는 실습생은 실습 과정에 대해 제한적이고 왜곡된 개념을 갖기 쉬우므로, 사전 교육 없이 현장에 나가는 경우 자기 훈련을 위해 많은 시간과 에너지를 소비하게 되며, 실습에 불필요한 기대나 오해를 갖게 될 수 있다. 따라서 실습 과정 전반에 필요한 기본 정보와 주의사항을 다루는 오리엔테이션 경험을 통해 실습생의 불필요한 기대 및 오해를 해소하고, 교육실습의 교육과정을 적극적으로 준비할 수 있게 해야 한다. 실습생은 이 과정을 통해 전문상담을 개관하고, 학생의 기대와 교육실습 과정의 개념 및 역할을 규정하며, 학교의 요구 조건, 정책, 업무 조건 및 학교에서 이루어지는 전문상담 서비스 체계를 이해할 수 있다.

(1) 대학의 실습 오리엔테이션

대학에서는 실습 기관인 학교에서 실습을 시작하기 전에 실습에 관련된 기본적인 정보를 실습생에게 제공하고 실습을 준비시킨다(오혜경, 하지영, 2007).

① 실습 과정 전반에 대한 정보 제공
- 실습 및 실습 세미나 일정: 실습생들은 실습의 시작과 종결 시기, 실습 세미나의 일정을 받는다. 또한 학교 교육 활동이 이루어지는 학사 일정과 시험 기간 중의 일정에 대한 정보도 미리 받는다.
- 실습 과제: 실습 단계별로 예상되는 주요 과제에 대한 설명과 과제물 제출 양식을 소개받는다. 실습 과제물로는 실습 계약서, 실습일지, 프로그램 계획서, 중간 평가서, 종결 평가서 등이 있다.
- 실습 평가: 실습이 종결된 후 해당 학교의 담당 지도 교사가 대학에 보내는 평가서의 작성 요령과 대학에서의 최종 평가 기준에 대한 자세한 설명을 듣는다.

② 실습생의 자세와 기타 사항에 대한 주의사항

학교에서는 실습생들이 실습에서 적극적인 역할을 수행할 것과 그것을 위한 준비를 충분히 할 것을 요구한다. 더불어 실습 기관에서의 복장, 행동, 복무 규정 및 자세 등을 강조한다. 또한 실습생이 당황하지 않도록 실습 기간 중에 발생하는 문제에 대한 대처 방법을 미리 알려 준다. 예를 들어, 실습 기간 중에 실습 담당 교사와의 마찰이나 대인관계 문제 혹은 뜻밖의 사고 등으로 곤란한 상황에 처하면 대화 통로로서 실습 지도교수를 적절히 활용할 수 있음을 알려 준다.

(2) 실습 기관인 학교에서의 실습 오리엔테이션

실습생이 실습할 학교가 결정되면 해당 학교에서는 실습생이 도착하기 전에 그들을 위한 준비를 한다. 즉, 실습생은 실습 교육 첫날 또는 첫 주 동안에 구조화된 오리엔테이션을 받음으로써 학교의 구성원이 된 것에 대한 환영의 뜻을 전달받고, 스스로를 해당 학교에서 권리와 책임을 가진 예비 전문상담교사라고 인식할 수 있게 된다.

① 공식적 오리엔테이션

실습하는 학교에서 체계적이고 준비된 오리엔테이션을 받은 실습생은 학교의 다양한 면을 소개받을 수 있다.

• 학교 전반에 대한 정보를 알 수 있다.
• 학교 내 부서별 주요 업무와 프로그램을 소개받고 학교에서 제공하고 있는 상담서비스에 대한 정보를 알 수 있다.
• 학교가 위치한 지역사회의 특성과 학생 구성에 대한 정보를 알 수 있다.
• 지역사회 내에서 연계하고 있는 유관기관의 정보를 알 수 있다.
• 학교와 학생에 대한 실습생의 책임 및 의무를 알고, 특히 행동 지침, 복장, 복무 시간 엄수 등 기본적 복무 규칙에 대한 구체적인 주의사항을 알 수 있다.
• 실습 기간 중 실습생의 신분에 따른 규칙을 알 수 있다.
• 교직원 회의나 부서별 모임에 참석 여부를 밝힌 후, 참석 시 역할을 배정받

아야 함을 알 수 있다.

② 비공식적 오리엔테이션

비공식적 오리엔테이션이란 공식적 오리엔테이션 후에 실습 지도교사가 실습생과 개별적인 시간을 갖는 것을 말한다. 비공식적 오리엔테이션을 통해 실습생은 공식적 오리엔테이션 과정에서 궁금했던 점을 알아보고, 실습 계약서를 작성하여 서명하는 등 구체적인 실습 계획을 논의한다.

2) 실습 계획서 및 주간 활동안 작성

실습생은 주어진 실습 기간 내에 무엇을 어떻게 배울 것인지 정하기 위해 실습 초기 단계에서 실습 지도교사와 함께 구조화된 실습 계획서 및 주간 활동안을 작성한다. 한편, 실습 계획서는 실습생 스스로 해당 실습학교를 선택한 이유와 자신의 목표를 비롯하여 실습을 통해 얻고자 하는 내용을 담은 계획서로, 이것을 작성할 때는 객관적 문체를 사용하는 것이 바람직하며, 실습을 시작하기 전에 준비하여 실습학교를 방문하는 것이 필요하다. 이러한 실습 계획서는 각 실습생이 자신의 욕구와 능력에 기초한 개별적인 계획을 세울 수 있도록 도와주고, 중요한 실습 평가의 근거로도 사용될 수 있다. 이러한 필요성에 근거한 실습 계획서에 포함해야 하는 내용은 다음과 같다(Royse, Dhooper, & Rompf, 2007).

- 실습의 목적과 목표
- 실습의 목적과 목표 달성을 위해 사용할 수 있는 실습 활동이나 경험
- 실습생, 실습 지도교사, 실습 지도교수의 역할
- 주별 세부 실습 계획서
- 실습 목표가 달성되었는지를 알게 해 주는 측정 지표와 서명

또한 상담실습생은 한 주 동안 무엇을 할지에 대한 계획을 세워서 계획에 따라 수행해 나갈 수 있어야 한다. 자세한 내용은 〈예시 5〉, 〈예시 6〉과 같다.

〈예시 5〉

실습 계획서

1. 실습 목적: 학교 현장에서 실시되는 실제적인 학교상담의 모습을 보고 배운다.

2. 실습 목표

- -학교 일과가 어떻게 운영되고 있는지 안다.
- -실제적인 학교상담실 운영에 대해서 안다.
- -개인상담과 집단상담의 계획 및 절차에 대해서 안다.

3. 실습 분야: 학교상담

4. 실습 기간: 5월 1일 ~ 5월 30일 (4주간)

5. 실습 교육 계획

단위 시간	내용	담당	비고
1주	-실습 오리엔테이션을 통한 학교 운영 전반 이해	학교 각 부서 부장 교사	실습 초기 단계
2주 · 3주	-상담 신청받기 -접수 면접 및 면접 질문지 작성하기 -실습일지 작성 -심리검사 실시 및 심리검사서 작성하기 -접수 면접 후 개인상담 실시하기 -집단상담 계획서 작성해 보기 -중간 평가를 통해 실습 내용 수정 · 보완하기	실습 지도교사	실습 중간 단계
4주	-개인 종결 보고서 작성하기 -집단상담 관찰 및 경험 보고서 작성하기 -최종 평가를 통해 실습 내용 종결하기	실습 지도교사	실습 종결 단계

6. 실습 지도 방법

- -개인상담실습 지도 방법: 전문상담교사를 통한 수퍼비전 받기
- -집단상담실습 지도 방법: 집단상담 관찰 및 리더 경험 후 전문상담교사를 통한 수퍼비전 받기
- -기타 실습 지도 방법: 조 · 종례 시간을 통해 학생들의 생활 이해하기, 점심시간을 이용하여 학생들과 보드게임을 함께 함으로써 즐겁게 지내기

7. 실습생 자기 평가 지표(7점 만점 척도 이용)

−학교상담의 실습 만족도

−실습 목표 도달 정도

−학생들과의 라포 형성 정도

−개인상담을 통한 학생 이해 및 문제 해결 정도

−집단상담 경험을 통한 집단상담 이해 정도

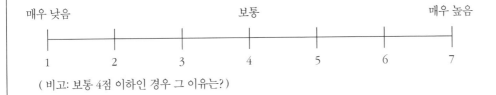

(비고: 보통 4점 이하인 경우 그 이유는?)

실습생: 김 실 습 (서명)

실습 지도교사: 박 지 도 (서명)

〈예시 6〉

주간 활동안(1주)

일시	2014년 5월 1일(목) ~ 5월30일(금)					
주간 목표	-실습 오리엔테이션 참가하기 -접수 면접 실시하기					
주간 계획	실습 오리엔테이션					
	상담 신청					
	접수 면접					
	심리검사					
	5월 1일 (목)	5월 2일 (금)	5월 7일 (수)	5월 8일 (목)	5월 9일 (금)	비 고
학교행사	전교 조례					
상담 업무	접수 면접	참관	상담 신청서 작성법 참관	상담 신청 실시	접수 면접 참관	접수 면접 실시	
	개인 상담						
	집단 상담				참관		
	심리 검사					MBTI 실시	
행정업무						
평가	실습 첫 주라 많은 부분에서 서툴고 전달사항을 제대로 이행하지 못하는 등의 실수가 많았다. 전달사항을 정확하게 기록하여 전달 보고와 확인 작업이 이루어지도록 해야 할 것이다.					
지도교사 조언	새로운 환경이라 부담감이 많을 것으로 생각됩니다. 상담 신청 시 확인해야 할 사항을 정확하게 인지하고 기록하기 바라며, 전달사항의 이행 여부를 보고해 주시기 바랍니다.					
주간 계획	심리검사 실시 및 결과 보고서 작성					

3) 실습일지 작성

실습일지는 실습 기간에 실습생이 매일 작성하는 기록의 한 종류로, 자신이 구체적으로 어떤 업무를 담당했는지, 각각의 업무를 통해 경험한 것과 관찰한 것은 무엇인지를 기록함으로써 스스로 실습 내용을 정리할 수 있게 한다. 또한 실습 지도교수는 실습일지를 통해 학습 목표를 성취하기 위한 과정을 모니터링하는 데 도움을 얻을 수 있다. 실습생은 실습일지를 작성함으로써 자신이 수행한 업무 내용뿐만 아니라 업무 수행에 대한 평가를 동시에 할 수 있으므로 자신의 실습 활동을 점검 · 보완하고 실습 목표를 달성하기 위해 어떠한 구체적인 노력을 해야 하는지 알 수 있게 된다. 더불어 실습일지는 실습 지도교사와의 간접적인 의사소통 체계가 되기도 하고 학습 도구로서 활용될 수도 있으므로 실습생은 여기에 건의사항이나 의문점도 기록할 수 있다. 이에 따라 실습 지도교사는 실습생의 실습일지를 통해 실습 활동에 대한 그들의 반응을 알 수 있게 되고, 이후의 실습 과정을 목표 달성의 방향으로 나아가도록 이끌 수도 있게 된다.

실습의 구체적인 내용을 작성하는 방법은 시간대별로 실습 내용을 정리하는 것이다. 실습생은 각 활동 내용뿐 아니라 활동에 대한 의견을 제시하고, 실습의 전체 일정 및 자신의 수행에 대한 평가와 제언 역시 제시한다. 그들은 실습일지를 공식적인 실습 지도 시간 전인 당일 일과 후나 다음날 아침에 반드시 실습 지도교사에게 제출하여 그 내용에 대한 피드백을 받아야 한다. 일반적으로 실습일지의 내용은 전달 사항 및 실습 일정, 실습 내용, 그리고 실습생 소견 및 개선점, 다음날의 계획, 지도교사의 지도란 등으로 구성되어 있다(〈예시 7〉 참조).

〈예시 7〉

실습일지

일 시	2014년 5월 16일 금요일				
전달 사항	• 한 주간 진행된 상담 신청서와 접수 면접지를 정리하여 철하기 • 다음주에 진행될 사례를 정리해서 해당 학생의 담임교사와 담당 수업 교사에게 협조 구하기				
상담 업무	• 개인상담 3건(일지 준비) • 접수 면접 1건(실시 기록) • 심리검사 1건(MBTI 검사지 준비)	1교시	3학년 1반 이○○	5교시	
		2교시		6교시	1학년 1반 박□□
		3교시	2학년 3반 김△△	7교시	
		4교시		방과후	
행정 업무	심리검사 결과 보고서 작성하기				
학급 전달 사항 (조·종례)	• 1학년 4반 조·종례 참관 • 전달사항: 문단속 철저히 하기, 월요일 지각하지 않기 • 대청소 시 맡은 구역 청결히 하기				
소견 및 개선점	• 처음 실시하는 접수 면접이라 참관 경험이 있음에도 당황하여 실시해야 하는 질문을 빠뜨린 부분이 있음. • 실시해야 할 질문을 미리 기록하고 기록한 순서에 따라 질문할 것				
지도교사 조언	한 주 수고하셨습니다. 접수 면접 시에 질문할 내용을 미리 잘 준비해 보세요.	지도 교사		박지도 (인)	

4) 실습생의 초기 불안감 처리

실습을 앞두고 있는 실습생은 실습 초기 과정에서 불안을 경험한다. 실습생의 불안 증상은 집중력 저하, 학생 만나기를 두려워함, 위축감 등이 있으며 지나치게 태연한 척 하는 등의 태도를 보이기도 한다. 실습 초기에 실습생들이 보이는 불안은 직접적인 언어로 표현하지는 않더라도 대부분의 실습생이 경험하는 일반적인 욕구에서 나타나는 것이며, 여기에는 개인적 불안감, 실습 지도교사에 대한 불안감, 학생에 대한 불안감, 기관에 대한 불안감 등이 있을 수 있다(김선희, 조휘일, 2004)

실습 초기 단계에서 실습생들의 실습에 대한 불안을 감소시킬 수 있는 몇 가지 기본적인 접근 방법은 다음과 같다. 첫째, 개별면담에서 실습생은 실습 지도교사에게 실습 과정에 관한 질문을 하여 실습 활동을 이해할 수 있고, 그것을 바탕으로 일어날 수 있는 문제 상황을 협의 및 논의함으로써 불안을 감소시킬 수 있다. 둘째, 실습생은 평가에 대한 불안 때문에 눈치를 보기보다 좀 더 적극적으로 실습 활동에 임해야 한다. 또한 실습 지도교사와 좋은 관계를 맺고 지도교사의 복무를 관찰함으로써 상담 및 주어진 업무와 관련해 역할 모델을 마련해야 한다. 셋째, 실습생은 실습 오리엔테이션 내용을 경청하고 실습 내용을 체계적으로 구조화하여 다음에 해야 할 일을 예상해 둔다. 넷째, 실습 계약서 작성 과정에서 목적과 목표를 현실적으로 도달 가능한 범위로 한정함으로써 실습 동안 매 시점에 실습 목표의 어디쯤 도달했는지를 가늠할 수 있도록 한다.

Tip

- **개인적 불안감:** 실습생은 자신이 다른 실습생처럼 교육실습의 교육 목표를 성취할 수 있을 것인지, 실습 기관에서 무엇을 배울 수 있을 것인지, 자신의 욕구나 가치, 무능함을 얼마나 노출시켜야 하는지, 위험에 어느 정도 개입해야 하는지 등의 개인적 불안을 느낀다. 또한 대학에서 배운 것을 현장에 적용할 수 있을지 불안해하고 성적 평가에 집착하게 되며, 그러한 불안이 학습 경험의 충분한 참여를 저해할 수 있다.

- **실습 지도교사에 대한 불안감:** 실습생은 실습 지도교사가 자신의 성적을 결정하고,

더 나아가 취업에 적합한지를 결정할 사람이라고 생각하기 때문에 실습 지도교사의 부정적 피드백이나 나쁜 평가를 원하지 않는다. 따라서 신뢰로운 관계를 기반으로 정직하게 의사소통하거나 자신의 부족한 면을 드러내려고 하지 않는다.

- 학생에 대한 불안감: 실습생은 실습을 시작하고 며칠 내에 상담실을 방문하는 학생과 첫 접촉을 하게 된다. 이때 실습생은 자신의 경험 부족으로 인해 학생에게 해를 끼칠 것 같아 불안해한다.

- 학교에 대한 불안감: 실습생은 실습하게 된 학교 및 그곳의 교직원들이 자신을 적극적으로 수용할지에 대해 불안해한다.

5) 상담 신청 및 접수 면접

(1) 상담 신청

상담 신청은 학생이 직접 상담실에 방문하여 신청하기도 하고 담임교사가 자신의 학급 학생을 상담실에 의뢰하기도 하며, 부모가 직접 신청하기도 한다. 이때 직접 상담실을 방문하여 신청하는 경우도 있고 전화나 메일을 이용하여 사전에 예약 신청을 하는 경우도 있다. 어떤 경우든 내담자인 학생 자신 혹은 의뢰인인 교사나 부모가 상담에 대해 문의하는 경우가 대부분이므로 학생을 이해하는데 상담 신청 절차는 아주 중요하다.

① 전화 신청 및 문의
- 전화 접수는 실습생과 내담자인 학생 및 의뢰인 대부분이 처음으로 맺는 관계이므로 중요한 절차다. 인사말은 분명하고 친절하게 한다.
  - 예: "안녕하십니까? Wee클래스 실습생 김실습입니다."
- Wee클래스에서 해결할 수 있는 일인지 물어보거나 전화로 간단히 상담한다.
  - 예: "실습생이지만 아는 만큼 문의에 답변을 드리겠습니다. 어떤 일로 전화하셨습니까?"
- 전화로 상담 신청을 받은 후 접수 면접까지 내담자 상태를 파악한다.

- 바로 올 것인지, 누구의 허락이나 협의 후에 올 것인지, 같이 오는지 혹은 혼자 오는지 파악한다.
- 전화받는 것도 상담 업무의 시작임을 명심한다.
- 응급 여부를 파악한다.

② 상담 신청 절차
- 신청자 맞이하기: Wee클래스를 방문하는 학생들의 이름을 기억하고 불러 준다.
- 상담 신청서 기록하기: 상담 신청서와 필기구를 준비하여 상담 신청서를 작성한다. 이때 내용은 빠짐없이 기록한다.

(2) 접수 면접

① 접수 면접자의 자세
- Wee클래스의 설립 목적, 역할, 업무, 위치, 연락처 등 실습 기관의 특성을 잘 이해하여 부모 및 교사 등의 의뢰인에게 구체적으로 설명해 준다.
- 학교와 상담에 대한 좋은 인상을 준다. 사무적으로 대하지 않는다.
- 전화 신청이나 문의를 받으면 친절하게 대하고, 내담자가 필요로 하는 정보를 구체적으로 충분히 주어서 편안한 마음으로 상담실을 방문하도록 한다.
- 내담자는 첫 방문 때에는 항상 불안해하고 힘들고 어려워서 망설이므로, 그들이 어색해하는 마음을 이해하고 편안히 맞이한다.
- 학교상담의 전문가로서 내담자에게 믿음을 주는 자세를 취한다.
- 상담을 통해 문제를 해결할 수 있다는 희망을 갖게 한다.
- 내담자를 너무 혼란스럽게 하지 않는다.
  - 내담자의 심리 문제를 파악한다고 해서 너무 깊게 탐색하려 하지 않는다.
  - 머뭇거리거나 침묵하는 등의 태도를 취하면서 말하기 싫어하는 내용은 억지로 들으려 하지 않는다.
  - 접수 면접 시간을 적절히 조절한다.

• 상담이론이나 상담자 역할 원칙에 대해 잘 이해하고 융통성을 갖도록 한다.

　-상담이론과 상담의 기술에 대해 미리 알고 있어야 한다.

　-초보자인 경우에는 원칙적인 방법으로 실행해 보는 것이 좋다.

② 접수 면접의 절차

• 면접 전 준비

　-편안하고 밝은 조명과 조용한 분위기를 조성한다.

　-신청서, 펜, 녹음기, 홍보물 등의 준비물을 잘 갖추고 있어야 한다.

　-접수 면접 절차를 숙지하고 있어야 한다.

　-어수선하지 않고 안정된 상태에서 내담자를 기다려야 한다.

　-사전에 예약 내용이나 전화상으로 주고받은 내용 등의 자료를 보고 내담자를 기다린다.

• 면접의 시작

　-접수 면접이 무엇인지, 그것을 실시하는 이유는 무엇인지 설명한다(내담자 이해, 적합한 심리검사나 상담 유형 안내).

　-신청서에 기재된 내담자의 신청 동기를 구체적으로 파악한다(언제부터 문제가 생겼는지, 왜 지금 오게 되었는지, 그동안 해결해 보려고 시도한 노력의 여부 및 상담 경험의 유무 등을 파악).

　-기록과 녹음 등에 대해 설명하고 동의를 구해야 한다.

• 정보 수집 방법

　접수 면접의 주된 기능은 상담에 필요한 기초 정보를 수집하는 것이다. 내담자 정보를 수집하는 방법은 다음의 4가지로 요약할 수 있다.

　-면접을 통한 정보 수집

　　면접이란 내담자와 대면한 상태에서 대화를 통해 필요한 정보를 수집하는 방법이다. 주로 면접자의 질문에 대한 내담자의 응답을 토대로 정보를 수집하는데, 면접을 통해 수집하고자 하는 내용에는 호소문제, 호소문제와 관련된 현재의 기능 상태, 문제사, 발달사, 가족관계, 기타 문제, 상담 경험, 원하는 상담자 또는 상담 시간 등이 포함된다.

–질문지를 통한 정보 수집

접수 면접 질문지를 사용하여 내담자에 대한 정보를 수집하는 방법이다. 주로 신청 접수와 접수 면접을 같이 실시한다. 접수 면접 질문지를 통해 정보를 수집하는 절차는 다음과 같다. 우선, 내담자에게 질문지 작성에 대해 설명하고 질문지를 작성하도록 한다. 질문지 작성이 끝나면 이를 확인한 후 누락되거나 잘못 기록한 부분이 있을 경우 다시 작성하도록 요구한다. 예를 들어, 내담자가 전화번호를 기록하지 않았으면 그 사실을 반영하면서 다시 작성해 줄 것을 요구할 수 있다. 그리고 누락되거나 잘못 기록한 부분이 없으면 접수 면접 일시, 접수 면접자 이름, 접수번호 등을 기록한다. 마지막으로는 내담자가 보지 않는 상황에서 행동관찰 사항, 심리검사 내용과 결과, 처치 사항 및 소견 등을 추가적으로 기록한다(〈예시 8〉 참조).

–행동관찰을 통한 정보 수집

행동관찰은 비교적 엄격하고 체계적인 관찰을 통해 내담자의 반응 행동에 대한 정보를 수집하는 방법으로, 상담 장면에서 보조적 수단으로서 이용도가 높다. 보조적 수단으로 행동관찰법을 활용하고자 할 때 관찰 대상이 되는 내담자의 행동은 주로 '비언어적 행동'이다. 여기서 내담자의 비언어적 행동은 크게 형태와 동작으로 구분할 수 있다. 형태란 겉으로 드러나는 외적인 모습을 말한다. 즉, 키, 몸무게, 머리 모양, 안경 착용 여부, 입고 있는 옷이나 액세서리, 피부색, 신체의 상처 등에 대한 정보와 같은 것을 의미한다. 한편, 동작이란 움직이는 모습에 대한 것을 말한다. 즉, 시선, 표정, 몸짓, 목소리의 크기나 속도, 억양, 많이 사용하는 단어나 사용하는 단어 중 특이한 단어, 침묵, 앉는 자세, 걷는 자세, 기타 상담에서

보이는 특이 반응 등에 대한 정보를 의미한다. 내담자가 접수 면접 질문
지를 작성하는 동안 접수 면접자는 내담자를 잘 관찰하여 행동관찰 내용
을 기입한다.

─심리검사를 통한 정보 수집

　일반적으로 정신 능력, 적성, 성격이나 정신 병리와 같이 겉으로 드러
나지 않는 심리적 특성들은 면담이나 행동관찰 방식으로는 잘 파악할 수
없다. 이런 특성을 파악하기 위해 과학적으로 만들어진 도구가 심리검사
다. 하지만 접수 면접자가 심리검사의 배경을 가지고 있지 않다면 검사의
사용을 제한해야 하며, 필요한 경우에는 임상전문가에게 의뢰하는 것이
바람직하다. 학교상담 현장에서의 심리검사는 문제가 심각해 보이는 내
담자를 대상으로 그들의 의향을 물어본 후 실시한다.

〈예시 8〉

접수 면접지

- 접수일: 2014년 5월 14일
- 학　번: 31××
- 이　름: 김××

1. 학생의 주 호소문제 및 배경(스트레스 원인, 개인사 및 가족사)

아버지는 무직이고 어머니가 장사를 하여 경제력을 감당하고 있음. 누나는 가정형편 때문에 특성화 고
등학교에 진학해서 아르바이트를 하면서 공부를 하고 있음. 어릴 때부터 아버지는 술을 많이 드셨고,
부모님이 자주 싸우셨음. 어머니께서는 초등학교 때 교통사고로 사망한 형을 좋아하셨음. 하지만 내
담자인 학생은 싫어하시고 잔소리를 많이 하심. 부모님과 누나의 기대를 한몸에 받고 있으며, 중학교
3학년으로 진학을 앞두고 있는 시점에서 수업 시간에 집중을 못하고 시험을 망칠까 봐 불안이 밀려와
서 상담실을 방문함.

2. 현재의 적응 정도

　1) 사회심리적 자원: 친구들, 누나, 선생님

　2) 학교생활: 성적은 중상위권, 차분한 성격으로 학교 친구들과 잘 지냄.

　3) 기타

3. 학생의 행동관찰

신청서를 작성할 때 손이 떨림. 얼굴을 붉힘. 상담자의 시선을 회피함. 면접 중에 손으로 유지를 만지작거림.

4. 사회경제적 수준 파악

1) 주거 상황: 자택 (✔) 친척 집 ( ) 자취 ( ) 쉼터 ( ) 기타 ( )
2) 생활 정도: 50~150만 원( ) 150~300만 원(✔) 300만 원 이상( )

5. 위험군 체크리스트(해당 항목에 ✔ 하세요)

	• 심각한 중독 문제(게임 중독, 음주 문제 등)가 있다.
✔	• 무엇을 때려 부수거나 남을 해치고 싶은 충동을 느낀다.
	• 자살 시도를 해 본 적이 있거나 현재 자살 계획을 구체적으로 세우고 있다.
✔	• 가족 구성원 간의 갈등과 폭력이 심각하다.
✔	• 무기력하고 매사에 의욕이 없다.
	• 최근 죽고 싶은 충동을 느낀다.
	• 성과 관련된 심각한 고민이 있다.
	• 다른 사람들은 하지 않는 기이한 생각을 하거나 환청 등 기괴한 경험을 한다.
	• 고민 때문에 잠을 이루지 못하는 날이 많다.
	• 개인 위생(씻고 단장하기)이나 학교 출석 등 반복되는 일상생활 수행에 심각한 문제가 있다.

6. 상담 가능한 시간 표시

시간 / 요일	1교시	2교시	3교시	4교시	점심 시간	5교시	6교시	7교시	방과후
월					✔				
화	✔								
수			✔						
목						✔			
금									✔

7. 접수 면접자의 처치 및 소견

손 떨림 등의 면접 불안 증상을 보임.
불안행동과 관련된 탐색 요망
가족 관계 탐색을 통한 불안 이해 필요

3. 실습 중기

　실습 중기 단계에서 실습생들은 실습 계획서에 따라 실제적인 학교상담 현장 업무를 보게 된다. 이것은 실습생이 학교상담 체계에 개입하는 것으로, 이때 실습 지도교사의 수퍼비전과 교육을 통해서 적절한 방법으로 업무를 수행하게 된다. 즉, 이 단계에서 실습생은 배정된 실습 담당 업무를 수행하고, 실습 지도교사가 제공하는 다양한 형태의 교육 및 수퍼비전을 통해 전문적인 학교상담 업무 수행능력을 향상시킬 수 있다. 주로 중기 단계에서 이루어지는 업무로는 상담실습, 상담 일지 작성, 중간 평가 등이 있다.

> **Tip**
>
> - **상담실습**: 그동안 대학에서 이론적으로 배운 상담 지식이나 기법을 현장에서 직접 체험하고 실습함으로써 자신을 점검하고, 실습 지도교사의 피드백을 통해 상담자로서의 역량을 강화할 수 있다.
> - **상담 일지 작성**: 상담 일지는 실습이 진행되는 동안 실습생 자신이 실시한 상담을 매회 기록하는 것으로, 상담 일정 및 내용, 실습생 의견, 실습 지도자의 수퍼비전 등을 포함한다.
> - **중간 평가**: 중간 평가는 실습의 중기 단계에서 수행해야 하는 중요한 과업이다. 중간 평가에서 실습생은 목표 달성 정도, 실습을 통해 배운 점, 실습 지도교사에 대한 건의 등의 내용으로 중간 평가서를 작성하고, 이를 수퍼바이저와 함께 논의한다. 중간 평가는 실습생의 실천 업무를 평가하기 위한 것으로, 이를 바탕으로 앞으로 남은 실습 내용을 수정·보완할 수 있다.

1) 상담실습

(1) 학생 이해

학생을 이해하는 과정에서 판단은 신중히 내려야 하며, 상담의 전 과정에 걸

처 지속적으로 이루어져야 한다. 따라서 내담자를 이해하기 위해 기초 정보를
수집할 때는 실습 지도교사와 협의한 후 학부모 및 담임교사 면담을 신중하게
실시한다.

〈표 2-2〉 학생 이해를 위한 자료 수집 내용 및 방법

내 용	방 법
학생의 기초 정보 수집	부모 및 담임교사 면담, 학생상담 기초 자료 조사서
심리검사 활용	전체 표준화 심리검사 활용, 간이척도 체크리스트
행동 및 외모 관찰	평상시 행동, 외모(표정) 관찰
면담(접수 면접)	구체적 질문

① 학생의 기초 정보 수집

학생의 가족관계, 발달력, 사회경제적 수준, 가족 간의 갈등 등에 대한 정보를
얻기 위해서 부모와 면담을 실시할 수 있다. 그리고 학교생활 중의 교우 관계,
성적, 수업 태도, 문제 행동에 대해서도 담임교사와의 면담을 통해 기초 정보를
수집할 수 있다. 이는 추후 학생의 실제 생활에서의 변화를 알아보기 위한 자원
으로서, 부모와 담임교사를 활용하여 얻을 수 있다.

② 심리검사 활용

• 전교생을 대상으로 실시한 표준화 심리검사 내용을 자기이해 자료 및 예방
 적 조치가 필요한 학생을 선별하는 자료로 활용한다.
• 특정 문제를 호소하는 학생들의 위험성과 심각성을 알아보기 위해 간이척
 도 체크리스트를 사용할 수 있다(예: 집단 따돌림 척도, 인터넷 중독 척도, 청소
 년 정신건강 척도 등).
• 심리검사 결과에서 고위험군에 해당하는 학생의 경우 추가적인 심리검사
 (MMPI-A, PAI, HTP, SCT 등)와 면담을 통해 직접 상담할 것인지 외부기관에
 의뢰할 것인지 결정한다.

〈예시 9〉

심리검사 보고서

학생 인적사항	성 명	홍○○	성 별	여
	학 번	××××	생년월일	2000년 ×월 ×일
검사일시	2014년 5월 ×일		검사장소	Wee클래스
의 뢰 인	학생■ 담임교사□ 교과교사□ 학부모■ 기타( )			
호소문제	성격■ 가족□ 진로·학습□ 교우관계■ 이성·성□ 행동·습관□ 기타( )			
검사종류	SCT, HTP			

검사결과	학생은 활동적이고 적극적이며 자신감이 있으나 궁금한 점은 참지 못하는 성격으로 보인다. 이는 검사를 할 때 선생님이 다른 일을 하면 계속해서 질문을 하는 반응으로 나타난다. 이를 통해 볼 때 주위의 관심을 받고 싶어 하며, 자신이 원하는 만큼의 애정을 성장 과정에서 받지 못했을 것으로 보인다. 그리고 친구들 사이에서 자신이 주도하여 이끌어 가고 싶은데 잘 되지 않거나, 주도하는 다른 친구가 있을 경우 갈등이 일어날 수 있을 것으로 보인다. 평소 집에서 마음대로 되지 않을 때 어떻게 하는지에 대해 탐색이 필요할 것 같다.

결과해석	• SCT: ○○이는 가족과 여행을 자주 가는 편인데, 그러면서도 가족이라든가 친척들과 더욱 함께하기를 원하는 마음이 있다. 그리고 앞에서 이끌어 나가는 것을 좋아하는 성격이어서 비슷한 성향을 지닌 친구들과는 잦은 다툼이 있다고 하였고, 자신의 마음대로 되지 않으면 속상하다고 하였는데, 이것이 또래들과의 관계에서 다툼의 원인이 될 수도 있을 것으로 보인다. 그리고 친구를 더 만들고 싶다고 한 것으로 보아 맘이 통하는 친구를 사귀고 싶은 것으로 보인다. • HTP: 자신의 모습이 드러나는 것을 두려워하는 마음이 있는 것으로 보인다. 집의 벽이 견고하지 못한 것으로 보아 자아 강도가 조금 약해졌을 수 있으며, 선이 선명하지 못한 것으로 보아 자기 통제력이 약한 것으로 보인다. 굴뚝을 그린 것으로 보아 가정 내에서 자신이 원하는 만큼의 애정을 받지 못하는 것으로 보이며, 벽돌 무늬를 볼 때 가족 간의 따뜻한 교류와 상호작용 및 애정의 교환에 집착하고 있을 것으로 보인다. 나뭇가지를 그리지 않은 것으로 봐서는 사회적으로 위축되어 있는지 살펴볼 필요가 있다. 또한 열매가 떨어지는 것으로 표현했는데, 이는 타인과의 상호작용에서 정서적 어려움을 느끼고 있음을 의미한다고 볼 수 있다. 사람의 머리를 크게 그린 것으로 보아 자신의 지적 능력에 대해 불안감을 느끼면서도 이를 과도하게 보상하고자 하는 욕구나 반대로 과시적으로 표출하고 싶어 하는 욕구를 지니는지 탐색해 볼 필요가 있다. 눈을 그리기 어렵다며 실선으로 표현했는데, 이는 스스로 타인과 감정을 공유하고 자신의 감정을 표현하는 데 있어 어려움을 느끼고 있는 것이라고 볼 수 있다.

지도교사 조언	SCT와 HTP 검사 결과를 너무 지엽적으로 해석하지 말고 전체적으로 학생을 이해하는 도구로 사용해야 함. 또한 심리검사를 통해서 추후 상담하는 데 도움을 받기 위해 전체적인 것을 우선 서술한 후 상담 시 다루어야 하는 내용을 서술하기 바람.	지도 교사	박지도 (인)

③ 행동 및 외모 관찰

• 행동관찰에서는 특이 행동의 양상, 행동이 나타나는 패턴, 지속 기간, 횟수 등을 고려하여 살펴본다.

• 외모에 대한 관심, 청결 수준, 표정 등을 관찰하여 내담자의 심리 상태를 살펴본다.

• 특정 문제를 호소하는 경우 DSM-V의 기준 및 행동 평정을 살펴본다.

④ 면 담

• 학생 면담을 통해 언어적 · 비언어적 태도를 알 수 있고, 인지 · 정서 · 행동에 대한 정보를 얻을 수 있다.

• 학생 면담을 실시한 후, 부모 · 담임교사와의 면담, 심리검사, 행동 및 외모 관찰 등의 정보가 지니는 신뢰성과 타당성을 확인하기 위해서 추가적인 정보를 얻을 수 있도록 한다. 이때 진단에 필요한 구체적인 정보를 수집하여 이후 상담을 위한 계획을 세울 수 있도록 한다.

• 개인상담에서의 초기 면담

－상담을 진행하기 전에 접수 면접지를 작성하도록 한다. 시간 관계상 접수 면접지 작성이 힘들 때는 상담 전에 그것을 미리 작성해 오도록 할 수도 있다. 접수 면접지 작성의 자세한 예는 실습 초기 단계에 작성한 〈예시 8〉에 제시되어 있다.

－내담자에 대한 기본적인 정보 수집이 필요하다. 이에 해당하는 정보는 생년월일, 전화번호, 주소, 주 호소문제, 가족관계(부모의 나이, 직업, 사회경제적 수준, 신체 건강 수준, 가족 간의 화목한 정도 등, 필요시 가계도 활용), 학교생활 및 교우 관계, 병력 및 이전 상담(치료) 경험, 자살 충동 및 시도 여부, 의뢰자가 보는 문제의 심각성과 긴급성 등이 있다. 이 외에도 내담자 학생에 따라 정보를 가감할 수 있다.

－접수 면접은 접수 면접지를 바탕으로 부족한 정보에 대한 추가 질문을 하거나 필요한 정보를 수집할 수 있다. 비자발적 상담의 경우에는 접수 면접지 작성에 소홀할 수 있기 때문에 필요한 항목을 질문할 수 있다. 이때 내

담자의 인상이나 특이 사항을 기록해 두도록 한다. 교사나 부모가 상담을
의뢰한 경우에는 내담자 학생의 인상과 감정 등을 다루는 것이 필요하다.
- 내담자 학생의 상태에 대한 초기 면담에서의 평가 과정 및 그 예는 〈표
2-3〉과 같다.

〈표 2-3〉 학생의 상태에 대한 초기 면담에서의 평가

평가 과정	예
• 학생의 현 상태나 문제가 얼마나 심각한가? • 얼마나 위기 상황에 놓여 있는가? • 상담실에서 상담을 받는 것이 가능한 상황인가? • 학생의 문제가 얼마나 오랫동안 지속되어 왔는가? • 현재 주 호소문제가 어떠한가? • 약물치료가 필요한가?	• 의뢰 혹은 방문 사유(왜 지금 의뢰 혹은 방문했나?) • 면접에서 관찰되는 태도(언어적 · 비언어적 태도) • 사고 과정에서의 특징(명확성, 일관성, 목적지향성, 비합리적 신념) • 감정, 정서적 특징(정서의 안정성) • 행동상의 특징(충동성, 행동의 외현화, 반항적 태도) • 위험 요소(예: 자살 충동 및 시도, 자해 여부, 염세적인 태도)

• 집단상담에서의 초기 면담
  - 집단상담 활동이 시작되기 전에 집단원들에 대해 개인별 초기 면담을 실
    시하여 학생이 집단의 특성과 목적에 적절한지 평가한다.
  - 내담자가 가지고 있는 집단상담에 대한 의문점을 함께 이야기하고, 집단
    에 가지는 감정을 이야기할 수 있게 해 준다. 또한 집단 참여에 대한 불안
    감을 해소할 수 있도록 도와준다.
  - 초기 단계에 집단 규범을 명확히 확립할 수 있도록 집단원의 행동에 지속
    적인 피드백을 제공해야 한다(집단에서 해도 되는 행동과 해서는 안 되는 행
    동 구분).

(2) 개인상담

실제 학교 장면에서 상담을 하기 위해서는 상담 시간을 확보하는 것이 관건이

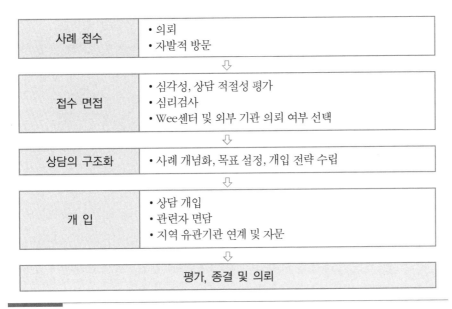

[그림 2-2] 개인상담의 과정

다. 상담이 가능한 시간은 위기 정도에 따라 다를 수 있지만 최대한 학생들의 수업권을 보장하면서 상담을 할 경우 아침 자율학습 시간(시간 부족), 점심시간(시간 부족, 분위기 산만), 창의적 체험활동 시간, 방과후 시간을 활용할 수 있다. 그러나 위기 사안인 경우에는 수업 시간을 이용하여 상담이 가능하다.

자발적으로 상담을 신청한 학생의 경우에는 수업 시간 이외에 학생과 조율하여 창의적 체험활동 시간이나 방과후 시간에도 상담이 가능하지만, 담임교사가 의뢰한 학생일 경우 방과후 시간은 집중력이 떨어지고 상담의 효율성이 낮아지는 것을 감안하여 수업 시간에 상담을 실시하는 것이 가능하다. 또한 사안 자체가 위기인 경우엔 문제 발생 즉시 상담을 실시하도록 한다.

수업 시간을 이용하여 상담을 실시하는 경우 담임교사와 교과교사에게 사전에 허락을 얻어야 하는데, 상담 신청 허가서를 작성하여 학생이 직접 담임교사와 교과교사에게 서명을 받아 오는 절차가 필요하다.

① 사례 접수

실습생이 상담 사례를 접하는 경우는 크게 담임교사가 학생을 의뢰하는 경우와 학생 자신이 자발적으로 상담실을 방문하는 경우로 구별할 수 있다. 담임교사가 의뢰한 경우인지, 아니면 학생이 자발적으로 방문한 경우인지에 따라 상담받을 학생의 상담에 대한 동기 수준은 차이가 있을 뿐 아니라 상담의 목적 및 진행에도 차이가 있을 수 있다.

• 의뢰된 사례

가장 전형적인 경우가 학교 내부에서 담임교사, 학생부장 교사, 담당 교과 교사 등에 의해 의뢰된 경우다. 교사는 학생들의 교내 생활을 관찰·평가할 수 있는 위치에 있기 때문에 문제학생, 취약학생, 관심학생 등을 식별하기 쉬우며, 이들 학생들을 상담실로 바로 의뢰할 가능성이 높다. 한편, 상담을 원하는 학생의 급우나 친구들이 담임교사에게 알려서 상담실에 오는 경우도 있다.

학생 자신이 자원해서 상담실을 방문한 경우가 아닐 때는 자발적 방문 사례에 비해 상담에 대한 동기 수준이 낮을 가능성이 크다. 그렇기 때문에 상담자는 자신이 아는 대로 솔직히 말해 주는 것이 좋다. 예컨대, "담임선생님께서 네가 요즘 친구들과 어울리지 않는 것을 보고 걱정이 되셨나 봐. 그래서 이야기를 나눠 보는 것은 어떨까 하고 요청하셨어."라고 시작할 수 있다.

한편, 비자발적으로 상담에 의뢰되었으면서도 학생이 학교 및 사회 체계에 반감과 불신을 지니고 있다면, 실습생은 그들이 자신을 학교나 사회 체계의 일부로 지각하고 자발적으로 자신의 이야기를 하지 않을 가능성을 고려하여 상담에 임해야 한다. 학생이 상담에 대한 동기가 낮은 경우 실제로 그에 대한 실습생의 개입 효과는 매우 제한될 수 있기 때문에 이 문제에 많은 관심을 가져야 한다.

• 자발적 방문 사례

실습생이 학생을 만나는 두 번째 방식은 학생 자신이 상담실을 직접 찾는 경우다. 이전에 상담교사에게 상담을 받은 적이 있는 학생의 추천으로 상담실을 방문하는 것이 보통이며, 일부 학생은 상담실에서 하는 활동을 적은 학급 홍보물을 보고 흥미나 호기심을 느껴서 방문하기도 한다.

자발적으로 상담실을 방문한 학생의 경우 의뢰된 사례에 비해 상담에 대한 동기나 기대 수준이 높고, 상담에 대해서도 긍정적인 태도를 보일 가능성이 있다. 실습생은 접수 면접을 통해 내담자 학생이 상담실에 온 목적, 기대 등을 충분히 검토·평가하고, 그에 따라서 적절한 조치를 취해야 한다.

② 접수 면접

앞서의 '학생 이해'와 '초기 접수 면접'에서 다룬 내용을 참고한다.

③ 상담의 구조화

상담 진행의 구조화를 의미하며, 상담에 필요한 제반 규정과 상담의 한계뿐 아니라 사례 개념화, 상담 목표 설정 및 개입 전략 수립 등에 관한 것을 의미한다. 상담의 구조화는 상담 초기에만 하는 것은 아니다. 과정이 진행됨에 따라 상담 관계를 재구성할 필요를 느끼면 그때그때 다시 밝혀 학생이 이해하고 실천하도록 한다.

• 사례 개념화

상담 접수 면접을 통해서 확인된 학생의 주 호소문제 및 기본 인적사항, 심리 검사 결과 등을 토대로 사례 개념화를 하는 과정은 상담에서 매우 중요한 부분이다. 사례 개념화는 실습생이 학생이 당면하고 있는 심리적 어려움의 원인, 현재 상태, 예후 및 보호 요인과 위험 요인 등에 대해 가설을 형성하는 것을 의미한다. 즉, 상담자가 파악한 내담자의 문제가 무엇인지, 문제가 생기게 된 경로나

> **Tip**
>
> • 상담의 구조화를 위한 학생과의 협의
>   - 상담 설명 및 상담에 임하는 자세
>   - 상담 회기 및 상담 시간 조정
>   - 비밀보장 및 비밀보장 예외 사항 전달
>   - 상담 동의서 또는 서약서 작성
>   - 학생과 함께 상담의 목표 설정

발달사 요인은 무엇인지를 파악하는 것이다.

• 상담 목표 설정 및 개입 전략 수립

사례 개념화, 상담 목표 설정, 개입 전략 수립 간에는 유기적 연결성이 있도록 하는 것이 중요하다. 또한 상담 목표를 설정할 때는 내담자를 적극적으로 개입하게 함으로써 실습생만의 목표가 되지 않게 주의해야 한다. 따라서 실습 지도교사와의 협의를 통해 상담 목표 설정 및 개입 전략 수립에 대한 내용을 보완할 수 있도록 한다. 그리고 상담 목표와 개입 전략을 기술할 때는 가능한 한 구체적 행동 용어를 사용할 필요가 있다(〈예시 10〉 참조).

④ 개 입
• 상담 개입

학생들의 문제 유형이 매우 다양하기 때문에 모든 상담 사례에 접근 방식을 제시하기는 어렵다. 여기서는 모든 사례에 걸친 일반적 개입 절차 및 방법을 내담자의 동기 수준에 대한 평가와 문제 해결 접근을 중심으로 서술하고자 한다.

－내담자 동기 수준에 대한 평가

내담자의 동기 수준을 평가할 때 다음과 같은 세 가지 질문을 기억하면 도움이 된다. 첫째, 내담자가 자신의 행동 중 바꾸고 싶은 것이 무엇인가? 이는 내담자가 원하는 것 혹은 내담자의 변화 의지에 관한 질문이다. 이 질문에 대한 내담자의 대답이 '모르겠다.'이면 이 질문에 답할 수 있도록 하는 것이 상담의 일차적 목표가 되어야 한다. 둘째, 내담자가 바람직한 행동으로 변화하기 위한 자신감이 충분한가? 내담자의 대답이 '자신 없다.'이면 상담에서 그 부분을 집중적으로 다루어야 한다. 바람직한 변화에 대한 자신감이 부족하면 변화는 일어나지 않음에 유의해야 한다. 셋째, 지금 바로 변화할 준비가 되어 있는가? 내담자의 대답이 '지금 바로는 변화하기 어렵다.'이면 이 부분에 대해서 충분히 상담할 필요가 있다.

〈예시 10〉

상담 일지

학 생 명		이 ○○	학 번 / 성 별		17XX / 남
연락처	학생	010-×××-××××	상담일 / 교시		5월 3일 / 3교시
	학부모	010-×××-××××	상담 장소		Wee클래스
대분류	중분류	소분류	대분류	중분류	소분류
상담 유형	개인 상담	학업 ( )	상담 유형	개인 상담	약물중독(게임/채팅 등) ( )
		진로 ( )			기타 ( )
		성격 (✔)		집단 상담	학업 ( )
		교우 (✔)			진로 ( )
		이성 ( )			학교폭력 ( )
		가족관계 ( )			성격/대인관계 ( )
		교사에 대한 반항/불손 ( )			기타 ( )
		가출 ( )		학부모 상담	학생관련 상담 ( )
		자살충동 (✔)			교사관련 상담 ( )
		학교폭력 ( )			학습 ( )
					기타 ( )
상담 내용		• **상담실에 오게 된 계기**: 급식실에서 기분이 나쁘다고 실내화를 던졌는데 친구의 여자친구가 우연히 맞아서 친구가 찾아와 왜 던졌냐고 말하는 사이에 창문에서 뛰어내리겠다고 충동적으로 행동하면서 사회 선생님이 Wee클래스에 의뢰함. 뛰어내리려고 할 때 아무 생각이 없었음. • **집에서의 행동**: 집 안에서는 어머니가 행동에 제재를 가하면 강하게 반발함. 어린 동생이 두 명 있는데 귀찮고, 어머니는 동생들만 좋아하는 것 같음. 어머니는 잔소리가 심하고 옷 때문에 마찰이 심함. 자신은 여러 벌의 옷을 돌려 입는데 어머니는 하나의 옷만 입게 하고 그 옷이 더러워지면 다른 옷을 입도록 함. 어머니께 말을 해도 안 통함. • **아버지의 성격**: 좋은데 잘못하면 가끔씩 혼냄. 다혈질임. 어머니께 소리를 쳐서 아버지께 혼났음. • **수업 시간의 모습**: 평상시 수업 시간에 돌아다니고 장난치는 정도가 심하며 선생님들과의 마찰이 심함. 장난치고 싶으면 선생님이 앞에 있건 없건 그냥 일어나서 친구를 한 대 때리고 앉아야 직성이 풀림. • **학업 성취**: 중학교 들어올 때는 90점 이상 받았는데 성적이 점점 떨어지고 있고 선생님께 야단을 많이 맞음. 어머니께서 초등학교 때부터 학교에 많이 불려 오심.
상담 요약		전체적으로 충동성이 높고 자기조절이 안 됨.

| 지도교사 조언 | 위협 행동으로 자살시도가 있었다 하더라도 자살방지 서약서를 받아야 함. 학생을 이해하기 위해서 학생이 자라 온 배경에 대한 탐색 및 부모님과 동생들에 대한 탐색이 필요함. 부모상담이 필요함. | 지도 교사 | ○○○ (인) |

−문제 해결 접근

　　학교 장면에서의 상담은 단기상담일 가능성이 많고, 내담자가 외부환경에 민감하게 반응하는 청소년이라는 특징이 있기 때문에 상담 개입 역시 그러한 특성을 감안하여 성장 중심의 문제 해결 개입을 할 필요가 있다. 이때 초점을 맞춰야 할 사항은 다음과 같다. 첫째, 내담자를 문제아로 낙인찍지 않는다. 실습생이 학생을 어떤 시각으로 바라보는가가 좋은 상담 관계의 형성에 중대한 영향을 끼친다. 따라서 실습생은 학생이 발달 및 적응상의 어려움을 겪고는 있지만 성장할 수 있는 자원을 가진 존재라고 볼 수 있어야 한다. 둘째, 학생의 강점 및 자원에 초점을 맞춘다. 실습생은 학생의 불평에만 초점을 맞추기보다 그 불평의 기저에 잘하고 싶은 마음, 즉 성장 동기가 숨어 있다는 것을 이해할 수 있어야 한다. 셋째, 다음과 같은 단기문제 해결 질문을 적용한다.

○ 내담자가 무엇을 원하는가? 어떤 방향으로 변화하고 싶어 하는가?
○ 그 원하는 것을 이루기 위해서 어떻게 행동하고 있는가?
○ 그 행동의 성과는 어떠한가? 만일 그렇게 행동하지 못했다면 그 이유는 무엇인가?
○ 성과가 불만족스럽다면, 보다 만족스러운 성과를 위한 대안적 행동은 무엇인가?
○ 생각해 본 대안적 행동 중에서 지금 달성 가능한 것은 무엇인가?
○ 그 대안적 행동을 달성하는 과정에 필요한 정보, 도움, 장애물은 무엇인가?
○ 그 대안적 행동을 달성하기 위해 어떤 순서로, 그리고 구체적으로 어떻게 행동해야 하는가?

• 관련자 면담

–부모면담 및 교육

학령기 내담자의 1차 환경은 가정이고, 따라서 내담자의 주 호소문제와 위기 발생 및 회복은 가정을 떠나서는 이야기할 수 없다. 그러므로 실습생이 학생의 문제와 관련된 가족사 및 가족 구조, 그리고 역동에 대해서 파악하는 것은 상담의 필수적인 부분이다. 이때 부모면담의 목표는 학생의 문제와 관련된 가족 환경 관련 정보를 수집하는 것, 가족 역동 중 내담자의 현재 호소문제와 관련된 부분에 개입하는 것, 그리고 가족 내에서 학생의 정서적 지지원을 구축하는 것 등에 학생의 부모가 역할을 하도록 돕는 것이다. 필요시 부모교육의 내용으로 부모–자식 간의 관계에서 흔히 발생하는 갈등 상황과 그것을 다루는 방법, 비효율적 자녀 양육 및 지도 방식에 대한 이해, 관계 개선을 위한 대화법, 스트레스 관리법 등을 포함할 수 있다.

–학교, 교사 및 또래에 대한 개입

학교체계는 담임교사, 담당 교과 교사, 교감, 교장 등 다양한 인력으로 구성되며, 이들 중 교육실습생은 필요시 학생의 주 호소문제에 밀접하게 관련된 사람과 면담함으로써 개입할 수 있다. 초점은 학생 문제에 대한 다양한 시각과 문제가 발생하는 맥락을 이해하고, 가용한 지원체계에 대한 정보를 수집한 후 그것을 확보하는 것에 있다. 또한 학생에 대한 부정적 편견 및 태도를 해소하고, 다른 유해한 환경(예: 학교 내 폭력서클)과의 단절 방안을 수립하는 데 있어서도 이들과 유기적 협력 체계를 구축하는 것이 필요하다.

또래집단의 개입 역시 학생의 문제 해결에 있어서 중요한 정보 및 협력 체계로 활용할 수 있다. 대개 학령기 학생은 또래와의 관계에 민감하며, 자신의 비밀 이야기도 교사나 다른 사람보다는 또래집단에게 얘기하는 경우가 많기 때문에 교육실습생이 학생의 친구들과 대화창을 열어 놓는 것이 중요하다. 또래집단은 학생에게 지지와 격려를 제공할 수도 있지만, 동시에 학교폭력 및 소외 등과 관련될 수도 있기 때문에 학생의 현 문제와 관련해서 또래집단의 영향 및 역할에 세밀한 관심을 가질 필요가 있다.

– 지역 유관기관 연계 및 자문

필요시 학생의 문제를 해결하기 위해 Wee센터나 지역 유관기관 등의 지역사회 전문가들과 긴밀하게 연계하고, 자문 체계를 활용할 수 있다. 학생 문제와 관련된 주요 환경을 구성하는 학교 및 지역사회 전문가(경찰관, 정신과 의사, 각종 지역사회 프로그램 전문가, 영양교사, 보건교사, 사회복지사 등)와 필요시 학생을 지원할 수 있는 체계를 구축하고, 정보를 수집하며, 문제 환경을 제거하기 위해 공동으로 노력하는 등의 조치를 취하는 것이 개입의 중요한 축이 된다.

• 평가 및 종결

처음에 설정한 사례 개념화와 상담 목표, 개입 전략을 종결 시까지 단 한 번도 바꾸지 않은 경우는 거의 없다. 따라서 상담 개입 과정에서 학생의 상담 성과를 수차례 중간 평가함으로써 상담 목표 및 방략을 수정하는 단계가 필요하며, 이때는 개입 목표와 방략의 적합성을 중심으로 평가해야 한다.

상담의 종결은 상담 목표의 달성에 대한 평가를 바탕으로 이루어진다. 상담 초기에 수립된 목표 및 중간 평가 단계에서 수정된 목표들의 달성 정도를 면밀히 평가하여 만족할 만한 향상이 있었다고 판단할 때 상담의 종결을 계획하고, 이를 학생과 1~2회기 정도 논의한 후 사례를 종결하는 것이 일반적이다.

종결 시 고려해야 할 점은 학생의 주 호소문제가 얼마나 해결되었는지, 학생이 상담을 통해서 새롭게 학습하고 성장한 부분이 무엇인지, 아직 해결하지 않은 과제는 무엇인지, 향후 어떤 위험 요인이 있으며, 그러한 위험 상황이 생겼을 때 어떤 상담서비스가 가능한지, 혹은 학생을 학교 장면이 아닌 다른 기관에 의뢰해야 하는지 등에 관련된 사항을 포함한다.

요컨대, 학생이 상담 과정을 통해서 학습하고 성장한 부분을 강화하며, 그것을 실생활에 적용하도록 격려하는 과정과 향후 예상되는 어려움에 준비할 수 있도록 돕는 것이 종결 단계에서 다루어야 할 중요한 부분이다.

상담 실습 기간이 4주로 한정되어 있기 때문에 3~4회기 단기 상담으로 종결할 수 있도록 계획을 세우고, 필요하다면 전문상담교사에게 인계할 수 있도록 한다. 개인상담 종결 보고서는 〈예시 11〉에 제시하였다.

(3) 학교집단상담

학교에서는 개인상담뿐만 아니라 바람직한 교육 활동을 보완하고 보충할 수 있는 집단상담 프로그램 역시 계획 · 설계하여 실행하도록 요구하고 있다. 그러한 학교의 요구를 충족시키기 위해서는 학생들의 확인된 요구에 부합하는 집단상담 계획을 환경이나 교육 여건에 맞게 실행할 수 있도록 방법 및 순위를 정하고 시간을 조절해야 한다. 따라서 실습 기간에 교육실습생은 실습 지도교사의 요구에 따라 집단상담 계획을 수립하거나 집단상담에 집단 관찰자 또는 집단상담지도자를 투입할 수도 있다.

그러므로 교육실습생은 집단상담을 계획하고 진행하는 측면에서 전문성을 지녀야 한다. 그러나 학교 장면에서 교육과정을 이해하고 상담을 현장에 활용 가능하도록 접목할 때는 전문상담교사가 전문가임을 잊지 말아야 하며, 각 학교 사정을 고려하여 집단상담이 가능한 시간대를 파악한 후 실습 지도교사(전문상담교사)에게 집단상담 진행에 대해 사전에 자문과 협조를 구하는 것이 좋다.

또한 현실적으로 상담이 진행되는 과정에서 교육실습생은 많은 장애물에 직면할 수 있다. 기본적으로 집단상담 프로그램을 하려 해도 집단의 시간 구성이나 담임교사, 교과 담당 교사, 학교 관리자의 상담에 대한 이해와 협조가 반드시 필요하다. 따라서 이들과 협력 체계를 형성하고 협조를 얻어 내는 일이 가장 중요한 일임을 잊지 말아야 한다.

교육실습생은 상담의 필요성과 그것의 긍정적 성과를 통해 교사나 학교, 그리고 학부모를 설득해야 하는 부담이 있다. 어떠한 환경에서도 교육실습생이 먼저 스스로 할 수 있다는 자신감을 가지고, 실습 지도교사의 협조하에 각 학교 장면의 특수성을 고려하여 탄력적으로 자신의 분야를 개발하며, 교사와 부모를 참여시켜 이해의 폭을 넓힐 수 있는 다양한 시도를 해 나가야 한다.

〈예시 11〉

개인상담 종결 보고서

접 수 일: 2014년 5월 28일

실습교사: 김 실 습

내담자 인적사항	성명	김○○	성별		남	
	학번	2316	생년월일		1999년 06월 09일	
가족사항	관계	성명	직업	연령	동거 여부	
	부	김□□	회사원	48	○	
	모	윤△△	주부	46	○	
	제	김○○	학생	13	○	

내담자의 주요 문제	첫 면담 시 호소문제	무엇을 해야 할지 잘 모르겠음.
	계속되는 호소문제	집중이 잘 되지 않음. 한 가지 일을 오래 하지 못 함.
	내담자의 자원	집중 기간은 짧으나 집중력이 좋으며, 자신에 대한 이해가 높음.

상담자가 파악한 문제	부모님의 기대나 공부를 잘하는 동생과의 비교로 마음이 불안함. 잘해서 인정받고 싶은 마음 때문에 여러 가지 일을 한꺼번에 하려고 함.
내담자의 특징 (인상, 태도)	키가 크고 단정한 옷차림. 상담실 방문 시에 미소를 보였고, 예의 바르게 인사하였음. 자신의 호소문제를 구체적이고 명료하게 표현하였음. 상담실에 올 때마다 혼자 오지 않고 친구를 데리고 옴.
문제의 주요 원인	• 부모의 지나친 기대와 동생과의 비교 • 낮은 자존감
상담 목표	• 자신과 동생이 다른 존재임을 깨닫고 자신에 대한 존중감을 향상하는 것 • 학습 방법 제공
상담 전략	• 자신에 대한 긍정적 생각을 기르도록 상담 시간에 장점 찾기 • 성격검사를 통해 학생에게 맞는 학습 방법 소개하기
상담 성과	3회 상담 후 자신이 다른 사람과 다른 존재라는 생각을 자꾸 하려고 노력한다고 함. 동생과 비교하기보다는 자신이 잘하는 것은 무엇인지 찾으려고 노력함. 동생이 부모님께 칭찬받을 때 '동생은 저것을 잘하는구나.'하고 생각하게 됨. 배운 학습 방법대로 계획을 세워 매일 일정한 시간 동안 학습을 하고, 불안하더라도 계획된 시간을 지키려고 노력함.

① 집단상담 계획 수립 전개 과정

효과적인 집단상담이 이루어지기 위해서는 체계적인 계획을 세우는 것이 중요하다. 학생상담의 요구도 조사 및 결과 분석이 이루어지면 집단상담 계획을 수립한다. 이때 집단 목적이 결정되면 예산과 학교 사정에 따라 집단 인원 및 시기를 협의한다. 집단상담 계획서를 작성하고 공문서 결재를 받아 집단 목적에 맞는 학생들을 모집한 후 집단상담을 운영한다. [그림 2-3]은 집단상담 계획 수립 과정을 보여 주고 있으며, 그 계획서의 예는 〈예시 12〉를 통해 살펴볼 수 있다.

② 집단상담의 과정

• 사전 집단면접

집단에 참여할 의사를 밝힌 학생들과 일대일 면접을 실시하여 학생이 집단의 특성과 목적에 적절할지 평가한다. 사전 집단면접은 학생들이 집단상담에 대한 의문점을 이야기하고 집단상담 참여에 대한 불안감을 해소할 수 있는 기회가 된다.

• 초기 단계
  - 집단원들과 집단 지도자 간 탐색이 이루어진다.
  - 집단원들은 초기에 집단에 대한 기대도 갖지만, 동시에 집단에 참여하는 것에 대한 거부감도 가질 수 있다.
  - 집단에 가지는 부정적 감정을 미리 예측하고, 그것에 대해 이야기할 수 있도록 해 주는 것이 중요하다.
  - 집단 지도자의 경청, 수용, 반영, 진솔성, 건설적 직면 등은 모두 초기 단계 신뢰 구축에 중요한 요소다.
  - 초기 단계에 집단 규범이 명확히 확립될 수 있도록 집단 지도자는 집단원들의 행동에 지속적인 피드백을 제공해야 한다(집단에서 해도 되는 행동과 해선 안 되는 행동 구분).

1. 학생상담 요구도 조사 및 결과 분석

⇩

2. 수요와 교육적 필요 순위를 고려한 집단상담 계획 수립

⇩

3. 우선순위에 따라 프로그램을 결정하여 집단상담 계획 수립
   (연간 집단상담 프로그램 개수, 프로그램명, 외부강사 활용 빈도, 상담 참여 대상 및 인원)
4. 소요 예산을 편성 · 확보하여 연간계획 수립에 반영하기
   (강사료, 집단상담 소모품, 문구 용품, 간식비 등)

⇩

5. 발달을 고려한 집단상담 프로그램 선정 및 실시 시기 선정
6. 집단상담의 목적 규명
   −집단의 과정적 목표
   −집단의 크기(5~6명, 8~10명, 15명 이상)
   −집단의 개방성(개방집단, 폐쇄집단)
   −집단 유형(동질집단, 이질집단)
   −집단 회기 및 빈도, 시간, 장소 결정
7. 집단상담 지도자 결정
   −전문상담교사 및 Wee센터나 외부기관에의 의뢰 여부 선택

⇩

8. 공문으로 결재를 얻은 후 실시

⇩

9. 집단원 선발
   −모집 공고
   −예비면담
   −개인적 목표 진술
   −예비집단 모임(사전검사)
10. 참여 학생 명단을 담임교사와 교과 담당 교사에게 알리고 협조 구하기

⇩

11. 집단 발달단계를 고려한 집단상담 프로그램 진행
   −집단의 구조화 및 집단 규준 설정
   −초기 단계, 과도기 단계, 작업 단계, 종결 단계

⇩

12. 수료식 및 평가
   −사후검사
   −집단상담 종결 설문 조사 및 소감문 작성
   −수료증 수여(교내 봉사점수 부여 및 창의적 체험활동으로 기록)

⇩

13. 집단상담 결과 보고 공문 작성
   −추후 집단상담 프로그램 운영 자료로 활용

[그림 2-3] 집단상담 계획 수립 전개 과정

〈예시 12〉

청소년을 위한 학습클리닉
(자기주도적 학습)

1. 대 상
-XX 중학교 1학년 및 2학년 학생들 중 담임교사 추천자 또는 희망자 8~10명
-정서적 문제가 없는 학생들로, 하고자 하는 의욕은 있으나 어떻게 하는지 몰라 성적이 생각보다 안 나오는 학생들

2. 일정 및 시간
2014년 5월 둘째주 금요일부터 매주 월요일과 금요일 주2회 / 총 8회기 / 90분 / 6, 7교시

3. 프로그램의 목적
　이 프로그램은 청소년의 자기주도적 학습 능력을 향상시켜 학습자 스스로 학습 요구를 진단하고, 학습 목표를 설정하며, 그 학습에 필요한 인적·물적 자원을 확보함으로써 적절한 학습 전략을 선정하고, 그것을 적용하여 그 학습의 결과를 평가하는 과정에서 스스로 주도적 역할을 수행·실천할 수 있도록 돕는 데 목적을 두고 있다. 주도적 학습에 어려움이 있는 학생들에게 또래집단을 활용하여 그들이 자신의 학습 동기를 높이고 생활에서 적용할 수 있는 자신만의 구체적 학습 방법 및 행동을 찾아 실천할 수 있도록 도와줌으로써 그들의 학업적 효능감을 향상시킨다.

4. 프로그램 구성 및 세부사항

1) 구 성
　이 프로그램은 4단계 과정을 거쳐 총 8회기를 진행하는 것으로 구성되어 있다. 단계별 내용은 1단계(1, 2회기) 자신의 꿈 찾기, 2단계(3, 4회기) 자기관리 전략, 3단계(5, 6회기) 학습 전략, 4단계(7, 8회기) 장래 설계 및 자기 다짐 시간으로, 마지막 단계의 경우 지금까지 배운 내용과 경험을 나누고 앞으로의 실천사항과 다짐을 발표하는 단계다.

2) 운영 시간
중·고등학생의 경우 매 회기 90분으로 한다.

3) 운영 절차
-사전 준비: 명찰, 필기도구, 색연필, 좌석 배치 등(회기별 준비물이 다소 다를 수 있음)
-도입(10분): 인사 및 생활 나누기, 주제 소개, 집단 활동 및 주의사항 설명하기
-실행(70분): 집단 활동하기
-종결(10분): 주제에 대한 느낌 나누기, 다음 회기 내용 안내하기

4) 프로그램

단계	회기	주제	활동 내용
1단계 (자신의 꿈 찾기)	1	프로그램 소개 및 자기 이해	-프로그램 서약서 -별칭 소개 및 꾸미기 -내가 공부하는 이유는?
	2	나의 진로 나의 꿈	-진로 탐색 -방해물 탐색 -마블링 효과를 활용한 나의 꿈 찾기
2단계 (자기관리 전략)	3	시간 관리	-시간일기 작성 -학습계획 세우기 -시간 관리의 장단점 및 우선순위
	4	목표 관리	-공부할 때의 걸림돌 찾기 -단계별 학습 목표 및 실천 계획 세우기 -21일 습관 달력
3단계 (학습 전략)	5	과목별 학습 전략	-과제 수행 능력 분석 -유지 과목 및 전략 과목 -과목별 공부법
	6	효과적인 공부 전략	-효과적인 책 읽기 방법 -기억력 향상법 -시험 준비 능력 향상법
4단계 (장래 설계 및 자기 다짐)	7	주의 집중 향상법	-집중력 향상 전략 -두뇌의 기능과 특성 이해하기 -주의 집중 향상을 위한 학습 환경 바꾸기
	8	장래 목표 세우기	-신문기사를 통한 장래 설계 -구체적 준비 방법 -프로그램을 돌아보며 소감문 작성하기

• 10회기로 진행 시 '효과적인 책 읽기', '나만의 암기법' 등 적용 과정 추가(공부법 실습)
• 준비물
　-2014년도 MLST 검사 결과지 필요(1년 이상 된 학생은 재검사 필요함)
　-8회기 진행 시 전지 필요

5. 예 산

번호	재료명	개수	단가	총 합계	비고
1	강사비	8회분			
2	MLST 검사비	미정			
3	종이	2상자			
4	ML-1665K토너	2개			
5	간식(사탕, 과자, 음료수 등)	8인분			

- 전환 단계
  - 집단원들이 보다 깊은 수준의 이야기를 나누어도 되는지 확신이 들지 않아 불안해하며, 갈등을 나타낼 수도 있다.
  - 중요한 이야기를 회피하려는 행동(침묵하기, 장황하게 이야기하기, 충고하기, 공격적으로 대하기 등)이 나타나기 쉽다.
  - 집단 지도자는 그러한 행동에 대해 집단원과 논쟁하기보다는 그 행동이 의미하는 것이 무엇인지 생각해 보고, 적절한 수용 및 직면 간 균형을 맞추는 것이 중요하다.

- 작업 단계
  - 집단원들이 자신에게 중요한 이야기를 나누고 변화를 시도하는 시기다.
  - 성공적인 집단의 경우, 해당 집단의 집단원들은 작업 단계에서 모두 협력적으로 기여하며, 높은 수준의 자기개방, 진솔함, 수용, 응집성을 보인다.

- 종결 단계
  - 집단상담에서 경험한 내용의 의미를 확인하고 현실로 전환하는 작업이 필요하다.
  - 목표 달성과 관련된 평가 및 집단 경험 자체에 대한 평가(긍정적 · 부정적 평가)가 이루어지며, 소규모 집단상담의 종결과 관련된 감정을 다룬다.
  - 앞으로의 계획을 미리 생각해 보게 함으로써 변화를 유지하고, 계속 목표를 향해 나아갈 수 있도록 동기화한다. 이 과정에서 집단원들과 집단 지도자가 함께 서로에 대한 피드백을 제공할 수 있다면 효과적이다.

③ 학교 집단상담 지도자의 역할 및 유의사항

- 학교 집단상담 지도자의 역할
  - 집단 활동의 시작을 돕는다.
  - 집단의 방향을 제시하고 집단 규준의 발달을 돕는다.

-집단의 분위기 조성을 돕는다.

-행동의 모범을 보인다.

-의사소통 및 상호작용을 촉진한다.

-참여 학생을 보호한다.

-집단 활동의 종결을 돕는다.

• 학교 집단상담 지도자가 유의해야 할 사항

-집단상담 기법뿐만 아니라 자신의 개인적 가치 체계를 사용함으로써 집단 구성원에게 미칠 수 있는 자신의 영향력에 주의를 기울여야 한다.

-집단상담 참여 과정에서 부수되는 심리적 부담에 주의를 기울여야 한다.

-집단 구성원들의 목적을 분명하게 재정의해야 한다.

-집단 구성원들과 비밀 보장 및 집단의 규범에 대해 논의해야 한다.

-자신의 심리적 욕구 충족을 목적으로 집단 구성원들을 대하지 않도록 진지한 존중심을 보여야 한다.

-각 회기의 종결 단계에서 구성원들이 자신의 생각과 느낌을 말할 수 있도록 격려하고 충분한 시간을 할애해야 한다.

-집단 구성원들이 집단에서 학습한 내용을 자신의 일상생활에 활용하려고 시도할 때 다른 사람들로부터 받을 수 있는 부정적 반응에 효율적으로 대처할 수 있게 도와야 한다.

-자신의 집단상담 기법과 효율성을 높이기 위해 집단상담의 효과를 평가할 수 있는 방법을 개발해야 한다.

집단상담에 대한 경험이 부족하다면 전문상담교사가 진행하는 집단상담을 실습 초기나 중기에 관찰하면서 프로그램의 구성 및 진행에 따른 정보를 얻을 수 있다. 이때도 단순히 관찰에 그치기보다는 관찰 경험서를 작성하면서 좀 더 구체적인 도움을 얻을 수 있도록 한다. 집단상담 관찰 후의 소감을 기입한 사례는 〈예시 13〉에 제시하였다.

〈예시 13〉

집단상담 관찰 평가 및 소감

1. 기본사항

집단 주제	학습 능력 향상	집단 리더	박지도
집단 일시	2014년 5월 14일	소요 시간	1회기 50분
집단 목적	학습■ 진로□ 교우관계□ 자기이해□ 기타_____		
집단원 수	9명(남 4명, 여 5명)	장소	집단상담실

2. 집단 리더의 역할 및 프로그램 평가 체크리스트

구분		구분	1	2	3	4	5
리더 역할	기술	집단원들의 반응에 적절하게 대처하였는가?				✔	
		집단상담의 기술을 적절하게 사용했는가? (명료화, 반영, 공감하기 등)					✔
	진행	리더의 피드백이 적절했는가?				✔	
		시간은 적절하게 분배되었는가?				✔	
		집단 과정에 따라 자연스럽게 진행했는가?					✔
		프로그램에 대해 집단원들에게 정확하게 설명하였는가?					✔
		집단원들의 상호작용을 촉진시켰는가?					✔
		집단원들이 골고루 참여하도록 기회를 주었는가?				✔	
		집단의 목표에 맞게 성공적으로 진행되었는가?					✔
프로그램		집단상담의 발달단계에 맞게 구성된 프로그램인가?					✔
		회기의 목표가 구체적으로 잘 진술되었는가?					✔
		활동 내용과 활동지가 프로그램의 목적과 부합하는가?					✔
		프로그램의 분량이 한 회기용으로 적절한가?					✔
		프로그램 내용이 집단원들의 특성에 맞게 만들어졌는가?					✔

1: 전혀 아니다. 2: 아니다. 3: 보통이다. 4: 그렇다. 5: 매우 그렇다.

3. 집단상담 관찰 소감 및 지도교사 조언

집단상담 관찰 소감	• 구성: 활동 중심으로 구성되어 있어서 참여한 학생들의 호기심을 자극하고 참여도를 높일 수 있었다. • 내용: 학생들이 고민하는 공부 방법을 서로 비교해 보고 정보를 나눠 볼 수 있게 하여 도움이 되었다. • 전개: 집단을 시작할 때 해당 학습 관련 동영상이 학생들에게 더 적극적으로 참여할 수 있도록 도움을 준 것 같다.		
지도교사 조언	다양한 집단상담 관찰을 통해 집단상담을 이해하기 바람.	지도교사	박지도 (인)

2) 중간 평가

중간 평가는 실습의 중간 단계에서 수행해야 할 중요한 과업으로, 실습의 중간 시점에 목표 달성 정도, 실습을 통해 배운 점, 실습 지도교사에 대한 건의 등을 보고서로 제출하고 논의하는 평가 방법이다(오혜경, 하지영, 2007). 따라서 교육실습생은 실습 중반기에 그동안의 실습 내용과 업무에 대하여 전반적인 평가를 실시하고, 그 결과를 중간 평가 보고서로 작성하여 실습 지도교사에게 제출한다. 실습 기관에 따라서 중간 평가를 실시하지 않는 경우도 있지만 교육실습생 스스로 중간 평가를 실시하여 실습 지도교사와 실습 지도교수에게 제출하는 것이 좋다(〈예시 14〉 참조).

중간 평가를 통해 교육실습생이 당초에 계획한 실습 계획서대로 그동안의 실습 업무를 진행했는지 점검한다는 것은 큰 의미를 지닌다. 중간 평가를 통해 학습 목표를 얼마나 달성했는지, 부족한 부분은 어떤 부분이고 새롭게 변경해야 할 내용은 무엇인지를 알 수 있으며, 실습 목표나 과제를 재조정할 수도 있다. 중간 평가를 할 때 보완이 필요하거나 교육 및 학습이 필요한 영역이 있다면 그 원인을 분석해 보고 실습 지도교사와 협의하여 추후의 실습 과정에 반영할 수도 있다. 중간 평가서에 기록해야 할 주요한 부분과 작성 시 주의사항은 다음과 같다.

- 실습 목표와 관련된 실습 내용 및 역할 평가: 실습한 내용을 사실에 기초하여 일정별로 구체적으로 작성하고, 자신이 수행한 역할과 과업을 제시한다.
- 실습에 임한 자세 및 노력: 교육실습생으로서 실습에 임한 자세를 솔직하게 기술하고, 그동안의 노력을 반성해 본다.
- 실습을 통해 배운 점: 실습 초기에 수립한 목표나 계획에 기초해 성취한 학습 효과를 객관적으로 정리하고, 필요하다면 척도화하여 점수로 기술해 본다.
- 앞으로 더 필요한 지식과 기술: 이후의 실습 기간 동안 학습하거나 경험해 보고 싶은 내용을 솔직하게 기록한다.
- 실습에서 어려웠던 점 및 기관 · 실습 지도교사에게 건의할 점: 실습 기간

〈예시 14〉

실습 중간 평가서

실습 기간	5월 1일~5월 30일 (4주간)	지도교사	박지도
실습 평가일	5월 30일	지도교수	최상담

1. 실습 목표와 관련된 실습 내용 및 역할에 대한 평가

1) 실습 내용 및 역할의 요약
- 접수 면접지 및 상담신청서 작성 방법
- 심리검사 실시 및 해석
- 집단상담 관찰 보고서 및 리더경험 보고서 작성
- 개인상담 실시 및 보고서 작성

2) 평가
처음 해 보는 활동들이라 무척 힘들고 어떻게 해야 할지 난감했는데 차근차근 준비하고, 매뉴얼을 보면서 작성하며, 실습 지도선생님의 지도 조언을 본 후 수정 및 보완해야 할 점을 알고 다시 수정·작성해 보니 뿌듯했다.

3) 앞으로의 계획
학생들과의 라포 형성에 힘쓰고, 학생들을 좀 더 이해하기 위해 노력하며, 각종 보고서를 실습 지도선생님의 지도 조언대로 좀 더 체계적으로 작성해 볼 계획이다.

2. 실습에 임한 자세 및 노력
- 실습 지도선생님의 지도 조언을 잘 들어서 상담전문가가 되기 위해 노력하고, 학생들에게 도움이 될 수 있는 전문성을 기르기 위해 노력해야겠다.
- 학생들의 눈높이에 맞는 상담이나 집단을 운영할 수 있도록 노력해야겠다.

3. 실습을 통해 배운 점
집단상담 프로그램 작성이나 접수 면접 실시 등 수업 시간에 충분히 해 보지 못한 것을 실제로 작성하고 실시해 보는 활동을 통해서 학생들과 상호작용하는 방법을 조금씩 알게 되었다.

4. 앞으로 더 필요한 지식과 기술
전문적인 심리검사 해석 방법에 대해서 알아야겠다.

5. 실습에서 어려웠던 점 및 실습 지도교사에게 건의할 점
처음에 너무 아는 게 없어서 어떻게 해야 할지 몰랐는데 하나하나 익혀 가며 배울 수 있어서 좋았습니다. 하지만 실습이니만큼 이론을 바탕으로 실습과 접목하는 것이 힘든 감이 있었습니다. 그러므로 실습 지도 선생님께서는 실습을 할 수 있는 기회를 더 많이 부여해 주시면 감사하겠습니다. 열심히 익히도록 하겠습니다.

중 어려웠던 점을 적고 이후 종결 시점까지 기관에 요청하고 싶은 내용을 적어 본다. 이때 근거를 제시하면서 논리적으로 적는 것이 중요하며, 건의 사항을 기록할 때는 공손하게 적도록 한다.

4. 실습 종결과 평가

평가라는 말은 누구에게나 부담을 준다. 평가를 하는 사람은 정확하고 객관적인 기준을 통해 공평한 평가를 해야 한다는 부담을 가지며, 평가를 받는 사람은 자신이 가진 능력과 그동안의 수고가 제대로 평가받지 못할까 봐 부담을 갖는다. 그래서 평가는 하는 사람과 받는 사람 모두에게 부담과 불편함을 줄 수밖에 없다. 그러한 부담을 최대한 줄이기 위해 평가 과정은 체계적이고 구조화되어야 하며, 진정한 평가가 되도록 하기 위해 실습 과제의 양적 · 질적 결과뿐 아니라 그 과정까지도 점검하여 보다 나은 발전을 이루어 나갈 수 있게 해야 할 것이다.

1) 실습 평가의 의의

학교상담 교육실습이 마무리되면 4주간 이루어진 실습에 대한 평가를 한다. 평가는 처음 실습을 시작할 때 정한 목적에 어느 정도 도달하였는지 그 성취도를 판단하는 것으로, 교육실습생들로 하여금 실습 경험을 통합하고 정리할 수 있도록 한다. 그리고 실습 평가 과정을 통해 교육실습생의 학교상담 교육실습 경험을 구체화시켜 그 효과를 극대화할 수 있고, 교육실습 과정에 대한 반성을 통해 향후 학습이나 훈련이 필요한 영역을 발견할 수 있다는 데 그 의의가 있다.

교육실습생은 4주간 이루어진 업무 및 과제 수행에 대한 평가뿐 아니라 그 과정에서 발생한 인간관계에 대해서도 의미 있는 종결을 해야 한다. 인간관계는 실습 기간에 많은 시간을 함께한 실습 지도교사나 담임교사, 상담실이나 교실에서 만났던 학생들과의 관계를 의미한다. 특히 그중에서도 상담실에서 만난 학생들과의 종결을 중요하게 생각해야 한다. 교육실습생은 짧은 기간 학생들과 신뢰감 및 친밀감을 형성하기 위해 노력했을 것이다. 그 과정에서 교육실습생에게 상담을 받았거나 교육실습생과 우호적·긍정적 관계에 있던 학생은 감정적으로 어려움을 경험할 수 있다. 따라서 교육실습생은 실습 종료 전에 자신의 내담자였던 학생에게 미리 이별에 대해 알려 주어야 한다. 그래서 학생이 이별에 대한 준비를 함으로써 자신의 감정을 표현하고 그 감정을 수용할 수 있도록 도와주어야 한다. 또한 교육실습생 역시 종결에 대한 자신의 마음을 전달하고 이별과 종결에 대한 준비를 해야 한다.

2) 실습 평가의 과정과 목적

실습 평가를 위해서 실습 지도교사(전문상담교사)와 교육실습생은 실습을 통해 수행한 업무를 전체적으로 점검하고, 교육실습생의 지식 및 기술, 능력 향상에 대해 논의해야 한다. 이때 실습 지도교사는 교육실습생의 미래를 위해 실습 기간에 지도해 온 내용을 바탕으로 수퍼비전해 주어야 한다. 실습학교 역시 열린 마음과 생각으로 교육실습생들의 평가 내용을 경청하고, 학생들을 위해 학교 상담실이 변화·성장해야 할 방안에 대해 함께 고민하며 평가해야 할 것이다. 평가의 과정을 그림으로 제시하면 [그림 2-4]와 같다.

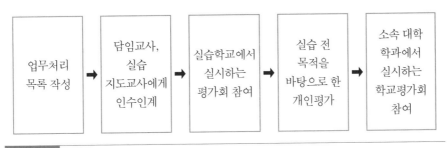

[그림 2-4] 교육실습생 평가 과정

실습 종료를 앞두면 자신이 하던 상담이나 업무의 목록을 작성하여 결과와 수행 정도를 정리한 후 담임교사나 실습 지도교사에게 전달해야 한다. 실습 종료 2~3일 전에는 실습학교에서 실시하는 평가에 참여하여 실습 과정을 전반적으로 평가한다. 실습이 종료되면 실습 전에 자신이 수립한 목적이나 내용을 바탕으로 개인적 평가를 할 수 있으며, 소속 대학의 학과에서 실시하는 공식적인 평가 활동에 참여하여 실습을 평가할 수도 있다.

4주간의 실습을 두고 실습학교, 교육실습생, 소속 대학에서 각각 평가가 이루어지는 것은 실습 과정이 실습에 참여한 개인과 단체 모두에게 중요하다는 것을 시사한다. 실습 평가는 실습을 통해 학교교육 목적을 구현하고 실습 교육 목표의 달성 정도를 평가하며, 향후 학습이나 훈련이 필요한 영역을 발견하고자 하는 것이다. 실습 평가의 목적은 다음과 같다.

- 실습을 통하여 교육실습생이 무엇을 배웠는지, 현재 어디에 와 있는지, 학습 과정에 영향을 준 요소들은 무엇인지 등을 함께 점검하고 평가한다.
- 지금까지의 학습 과정을 점검하고, 추후 필요한 기술과 학습 욕구가 무엇인지 개념화한다.
- 평가의 결과로 제시되는 문서를 통해 기관, 학교, 교육실습생 간 책임성의 형식을 제공하고, 교육실습생에 대한 기록을 제공한다.

3) 실습 평가의 영역

교육실습의 평가 영역은 무척 다양할 수 있다. 왜냐하면 평가의 주체가 어디인가, 즉 교육실습생인가, 실습학교인가, 교육실습생이 소속된 대학인가에 따라 그 영역과 내용은 모두 달라질 수 있다. 여기서는 각 평가 주체별로 평가의 영역이나 평가 방법을 살펴보고자 한다.

(1) 교육실습생

교육실습생은 실습을 마친 후 자신의 실습 종결을 보고함으로써 4주간의 실습을 마무리한다. 실습 종결 보고서에는 실습 기간에 자신이 경험한 실습의 내용을 기록하면 되는데, 관찰, 참가, 실습의 각 단계에서 자신이 경험한 내용을 업무와 활동 중심으로 기록하면 된다. 그리고 실습을 통해 얻은 점, 그것을 위한

자신의 노력, 어려웠던 점, 부족하다고 느낀 점, 그것을 보완하기 위한 앞으로의
계획 등을 간단히 기록하여 보고서를 완성하면 된다.

경험은 성장하기 위한 최고의 스승이지만 경험했다는 점에만 의의를 두면 그
것은 그저 추억이나 기억으로만 남을 뿐 성장의 밑거름이 되지 못한다. 그렇기
때문에 실습 종결 보고서는 어쩌면 실습을 시작하는 그 순간부터 마음속에 과제
로 가지고 있어야 하는 것일 수 있다. 실습을 마무리하느라 시간 여유가 없을지
라도 자신의 생각과 느낌, 감정이 사라지기 전에 기록하는 것이 필요하다.

실습 종결 보고서가 교육실습생 자신에 대한 평가라면, 실습 기관 평가는 교
육실습생이 실습을 나간 학교에 대한 평가다. 실습학교에 대한 평가는 반드시
실시해야 하는 것은 아니지만, 이후에 전문상담교사를 희망하는 교육실습생들
이 좀 더 나은 실습을 할 수 있도록 정보를 제공하기 위한 목적으로 실시할 수
있다. 실습학교에 대한 평가는 그야말로 비공식적이고 주관적인 평가이므로 후
배들에게 정보를 제공하기 위한 목적으로만 사용하는 것이 바람직하다.

실습 경험에 대한 이러한 평가는 그때만 상담실습생들끼리 평가하고 마는 것
으로 국한할 것이 아니라, 이후 실습을 나가야 하는 후배들과도 경험을 공유함
으로써 지속적으로 실습을 개선시킬 수 있는 토대의 역할을 하도록 해야 한다.
교육실습생의 자기평가 사례를 제시하면 〈예시 15〉와 같다.

(2) 실습 지도교사(전문상담교사)

일반적인 교과목과 달리 상담은 직접 학생들을 만나 그들의 마음을 깊이 공
감·존중·수용하고, 문제 해결을 위한 대안을 함께 탐색해 가면서 그들에게 인
간적이고도 전문적인 도움을 준다는 점에서 그 과정이 어렵고 성과 또한 잘 드
러나지 않는 실습이다. 그래서 다른 교과목보다도 지도교사인 전문상담교사의
지도와 협조가 매우 중요하다. 교육실습생은 실습 과정에서 종결 단계에 이르면
진행 중이던 개인상담, 집단상담, 심리검사 등을 종결하거나 경험한 상담 내용
을 보고서로 작성하여 전문상담교사에게 전달함으로써 상담이 잘 마무리될 수
있도록 해야 한다(〈예시 16〉, 〈예시 17〉, 〈예시 18〉 참조).

〈예시 15〉

개인상담 실습 평가 및 소감

1. 기본사항

이름			김○○	학번 / 성별			2316 / 남
상담 일시			5월 20일 2교시	상담 장소			상담실
대분류	중분류	소분류		대분류	중분류	소분류	
상담 유형	개인 상담	학업 (✔)		상담 유형	개인 상담	약물중독(게임/채팅 등) ( )	
		진로 ( )				기타 ( )	
		성격 ( )			집단 상담	학업 ( )	
		교우 ( )				진로 ( )	
		이성 ( )				학교폭력 ( )	
		가족관계 ( )				성격/대인관계 ( )	
		교사에 대한 반항/불손 ( )				기타 ( )	
		가출 ( )			학부모 상담	학생관련 상담 ( )	
		자살충동 ( )				교사관련 상담 ( )	
		학교폭력 ( )				학습 ( )	
						기타 ( )	

2. 개인상담 평가 체크리스트

구분	내용	1	2	3	4	5
라포 형성	내담자와 라포 형성은 잘 이루어졌는가?				✔	
내담자	내담자는 상담에 대한 동기를 가지고 있는가?			✔		
	내담자는 자기개방과 자기탐색의 능력을 가지고 있는가?			✔		
	내담자는 상담 결과에 만족하는가?				✔	
상담자	내담자를 파악하는 데 필요한 질문이 이루어졌는가?				✔	
	내담자에 대한 정확한 이해가 이루어졌는가?			✔		
	상담 목표가 명료하게 설정되었는가?			✔		
	상담 목표를 달성하기 위해 적절한 접근이 이루어졌는가?			✔		
	상담 과정에서 명료화, 반영, 공감이 제대로 이루어졌는가?				✔	

3. 개인상담 소감 및 지도교사 조언

개인상담 소감	비자발적 학생라 처음에 말을 하지 않아서 어려움이 있었다. 어떻게 말을 시작해야 할지 몰라 당황했지만 학생의 말하고 싶지 않은 마음을 공감해 주자 눈빛이 달라지는 것을 느꼈다. 솔직하게 학생과 상담하는 것이 최선이라는 경험을 하게 되어 기쁘다. 그러나 상담 목표를 어떻게 세워야 할지 아직 잘 몰라서 당황스러웠다.		
지도교사 조언	상담에서 제일 중요한 솔직성을 경험하고, 학생이 받아들이는 귀한 경험을 한 것을 축하함. 상담 진행 시 목표를 가지고 접근할 필요가 있음.	지도교사	박 지 도 (인)

〈예시 16〉

집단상담 리더 경험 평가 및 소감

1. 기본사항

집단 주제	나를 바꾸는 집단상담	집단리더	김실습
집단 일시	2014년 5월 16일	소요시간	1회기 45분
집단 목적	학습□ 진로□ 교우관계□ 자기이해■ 기타_____		
집단원수	8명(남 3명, 여 5명)	장 소	집단상담실

2. 집단 리더의 역할 및 프로그램 평가 체크리스트

구 분		내용	1	2	3	4	5
리더 역할	상담 기술	집단원들의 반응에 적절하게 대처하였는가?				✔	
		집단상담의 기술을 적절하게 사용했는가? (명료화, 반영, 공감하기 등)				✔	
		리더로서의 태도가 적절했는가? (표정, 자세, 어투, 진실성 등)			✔		
	진행	시간은 적절하게 분배되었는가?				✔	
		집단원들에게 프로그램에 대한 설명을 정확하게 전달했는가?				✔	
		집단 과정에 따라 자연스럽게 진행했는가?				✔	
		집단원들의 상호작용을 촉진시켰는가?			✔		
		집단원들이 골고루 참여할 수 있도록 기회를 나누어 주었는가?				✔	
		집단의 진행을 방해하는 집단원에 대한 대처는 적절했는가?				✔	
		집단의 목표에 맞게 성공적으로 진행되었는가?					✔
프로그램		회기의 목표 진술이 구체적이고 분명한가?				✔	
		집단상담의 발달단계에 맞게 구성된 프로그램인가?				✔	
		활동 내용과 활동지가 프로그램의 목적과 부합하는가?				✔	
		프로그램의 분량이 한 회기용으로 적절한가?				✔	
		프로그램 내용이 집단원들의 특성에 맞게 만들어졌는가?				✔	

1: 전혀 아니다. 2: 아니다. 3: 보통이다. 4: 그렇다. 5: 매우 그렇다.

3. 집단 리더 경험 소감 및 지도교사 조언

집단 리더 경험 소감	• 구성: 학생들이 자기이해를 할 수 있도록 자신의 장단점을 파악하는 내용으로 구성되어 있었다. 집단상담 초기에 구성되어 있어 친밀감 형성에도 도움이 되었다. • 내용: 자신의 장점에 대해 적는 것을 어려워하는 학생들이 많았다. 따라서 이 과정이 자신을 이해하는 데 도움이 되었을 것이다. • 전개: 집단원들의 참여도가 높아 전체적으로 잘 진행되었다.		
지도교사 조언	집단원들이 시작하지 못할 때 리더가 시범을 보여 주어 도움이 되었습니다.	지도교사	박지도 (인)

〈예시 17〉

심리검사 실습 평가 및 소감

1. 기본사항

내담자 인적사항	성명	구○○	성별	남
	학번	2315	생년월일	1999년 6월 27일
의뢰자	내남자□ 담임교사■ 교과교사□ 학부모□ 기타( )			
호소문제	성격□ 가족□ 진로·학습■ 교우관계□ 이성·성□ 행동·습관□ 기타( )			
검사종류	Holland 진로검사			

2. 심리검사 실시 체크리스트

구 분	내 용	1	2	3	4	5
환경 및 실시 과정	내담자와 라포 형성은 잘 이루어졌는가?				✔	
	검사를 받을 수 있는 정돈된 환경이었나?				✔	
	필요한 심리검사 도구들을 갖추었나?					✔
	심리검사 도구들을 쉽고 안전하게 조작할 수 있었나?				✔	
	검사 과정이 적절하게 짜였나?				✔	
내담자	검사를 할 수 있게 내담자가 준비되어 있었나?				✔	
	내담자가 흥미를 보였나?			✔		
	상담자의 질문에 정직하고 확실하게 응답했나?				✔	
상담자	적절한 옷차림이었나?				✔	
	적당한 목소리로 말했나?				✔	
	내담자에게 충분한 격려와 지지를 주었나?					✔
	내담자의 감정을 수용하고 개방적이었나?				✔	
	내담자와 종종 눈 맞춤을 했나?			✔		
	내담자에게 알맞은 단어를 사용했나?			✔		
	검사 결과에 대한 충분한 해석과 설명을 하였나?		✔			

1: 전혀 아니다. 2: 아니다. 3: 보통이다. 4: 그렇다. 5: 매우 그렇다.

3. 심리검사 경험 소감 및 지도교사 조언

심리검사 실시 소감	이론으로 아는 심리검사였지만 실제 학생을 앞에 두고 검사를 실시하려니 많이 떨렸다. 그래서 검사를 하는 과정 중에 학생과 눈 맞춤하는 것도 어려울 정도였다. 또한 검사 결과를 학생에게 맞게 바르게 해석하고 설명해 주는 부분도 많이 부족하였다.		
지도교사 조언	많은 경험만큼 좋은 공부는 없답니다. 다양한 검사와 학생들을 만나면서 더 많은 공부가 되기를 바랍니다.	지도교사	박지도 (인)

〈예시 18〉

실습 종결 보고서(실습생용)

작성 일시: 2014년 5월 30일

작 성 자: 백○○

상담실습생	성명	김 실 습	실습 지도교수	최 상 담
실습 기관	기관명	☆☆ 중학교	주소	○○시 ○○구 ○○○길
실습 내용	1주차	학교상담실 운영에 대한 오리엔테이션		
	2주차	전문상담교사의 상담 참관, 접수 면접 실시		
	3주차	개인상담 및 집단상담 진행, 심리검사 실시		
	4주차	개인상담 및 집단상담 진행, 심리검사 실시		
실습에서 배운 지식 및 기술	행정적 측면	상담실 업무가 다양한 절차를 거쳐서 이루어짐을 알았다.		
	실천적 측면	전문상담교사 한 사람만의 노력으로 되는 것이 아니라 다른 교사들의 협조도 있어야 함을 알게 되었다.		
	교육적 측면	접수 면접 방법뿐 아니라 심리검사를 해석하고 그 결과로 학생을 이해하는 방법 역시 배울 수 있었다.		
실습 기간 자세 및 노력 평가	업무 수행	처음에는 학생을 만난다는 점이 좋기도 했지만 두렵기도 했다. 지도선생님의 도움으로 접수 면접부터 하나씩 배워 나갈 수 있었다.		
	실습 태도	학교에서 배울 수 없는 부분들을 경험할 수 있었기 때문에 최선을 다해서 실습하였다.		
실습 소감	좋았던 점	현장에서 학생들을 만날 수 있어서 좋았고, 상담을 직접 경험할 수 있어서 좋았다. 많은 것을 배울 수 있는 기회였다.		
	어려웠던 점	상담 경험이 적어서 그런지 막상 학생들을 만나서 실제 심리검사를 하고 상담을 시작하려니 어려웠다.		
	평가 및 제언	실제 경험 위주의 실습이었기 때문에 실습 과정 전체가 만족스러웠으며, 이론뿐 아니라 실습도 더 많은 경험이 필요하다는 생각이 들었다.		
	앞으로의 계획	이론을 복습함으로써 상담이론을 깊이 있게 공부하고, 학교상담센터에서 상담 실무에 대한 경험을 쌓고자 한다.		

(3) 실습학교 평가

실습학교는 4주간의 실습 기간이 마무리되면 각 교육실습생에 대한 평가가 이루어진다. 그 내용은 대체로 교육실습생의 교사로서의 자질, 능력, 성실성 등에 대한 평가다. 이를 위해 담당교사들은 교육실습생을 관찰하고 분석하며, 그것을 토대로 평가하는 과정을 반복한다. 실습학교에서는 실습 기간의 교육실습생의 상담 활동과 상담 외 상담실 업무에 대한 실무 활동을 관찰하고 평가하며, 수시로 조언하는 과정을 통해 실습이 바람직한 방향으로 진행되도록 해야 한다. 그리고 실습이 끝난 후에는 교육실습생이 전문상담교사로서의 자질을 어느 정도 갖추었는지 종합적으로 평가한다.

실습학교에서 교육실습생에 대한 평가를 실시할 때는 대부분 대학에서 제공한 평가 기준을 근거로 평가한다. 대학에서 제공하는 평가 영역과 척도는 〈표 2-4〉와 같다.

〈표 2-4〉 교육부 교육실습 평가 영역

영 역	배 점	구체적인 평가 항목
근무 태도	10%	근무 상태(출석, 결석, 지각, 조퇴 등), 성실성
일반 자질	15%	직무에 대한 책임감과 열의, 인성 및 교사로서의 품위, 신념, 학습자에 대한 태도
학습지도 능력	50%	교재연구, 활동계획 및 계획안 작성, 자료준비, 지도기술, 평가기술
연구조사 활동	15%	연구 태도 및 자세, 연구 능력, 자료 수집 및 분석
학급경영 및 사무처리 능력	10%	생활지도, 환경 정리, 사물 처리, 학습자 관리

앞서 〈표 2-4〉에서 제시한 영역은 일반적인 교과를 기준으로 한 것이기 때문에 교육실습생과 일치하지 않는 영역도 있다. 그러나 그 구체적인 평가 항목을 살펴보면, 실습에 임하는 태도와 자세, 성실성 등은 교과실습생에게만 적용해야 할 영역이 아니라 학교상담 교육실습생에게도 필요한 영역들이므로 그 세부적 항목이 교과실습생과 차이가 없다고 보아도 좋다. 다만 교육실습생들은 교과실습생들에게 적용하는 학습지도능력에 대한 평가 대신 상담활동에 대한 평가를

받는 것이 더 적절할 것이다.

　실습학교에서는 이러한 평가 항목에 제시된 사항을 중심으로 교육실습생의 행동을 지속적으로 관찰하고, 관련된 자료들을 충분히 검토한 후 객관적이고 엄격한 평가를 수행한다. 그리고 실습학교에서는 교육실습 평가서에 실습에 대한 평가 결과를 정확하게 기재하고 날인한 후, 교육실습생의 소속 대학 학과에 송부한다. 이후 대학의 지도교수는 실습학교로부터 받은 교육실습 평가서에 준하여 교육실습 점수를 부여한다. 그 예시는 〈예시 19〉를 참고하기 바란다. 실습학교에서 이루어지는 평가 과정에 포함해야 할 내용은 다음과 같다.

- 실습 일정과 실습 내용, 역할 정리
- 실습 소감 발표(실습 과정상의 어려움, 실습학교에 대한 제언 등)
- 실습 지도교사의 격려
- 총평(기관장 혹은 책임 실습 지도자)

　실습 기관에서 일반적으로 사용하는 평가지는 실습 내용과 교육실습생에 대한 학교평가를 포함한다.

(4) 교육실습생 소속 학과

　교육실습생의 소속 학과에서는 교육실습이 종료되면 평가회를 여는데, 이 평가회에서는 교육실습생과 실습 지도교수, 실습학교 지도교사 또는 후배들이 함께 모여 실습 결과를 상호 평가하고 개선점을 마련하는 자리를 갖는다. 즉, 실습학교의 물리적 환경 및 프로그램의 특성, 교육실습생과 실습학교 교직원들의 관계, 실습 과정에서 가장 어려웠던 점, 보람 있었던 점, 아쉬웠던 점 등을 자유롭게 이야기한다. 평가 과정에 포함해야 할 내용은 다음과 같다.

- 교육실습생 경과 보고
- 대표 인사
- 교육실습생 보고(부서/팀)

〈예시 19〉

상담실습 평가서

1. 실습학교명: ☆☆ 중학교

2. 실습 기간: 2014년 5월 1일 ~ 5월 30일

3. 지도교사

직 위	성 명	담당 업무	비 고
전문상담교사	박지도	상담	

4. 실습 내용

구 분	제 1 주	제 2 주	제 3 주	제 4 주
활동	학교상담실 운영에 대한 오리엔테이션	집단상담 참관, 접수 면접 실시	개인상담 및 집단상담 진행, 심리검사 실시	개인상담 및 집단상담 진행, 심리검사 실시

5. 교육실습생 평가

학과명	성명	근무태도 (10%)	자질 (15%)	상담활동 (50%)	연구조사 활동 (15%)	학급경영 및 사무처리 (10%)	총점 (100%)	비고
교육학과	최실습	10	13	48	13	10	94	

위 사실을 확인함.

작성자 : 김 담 당

2014년 5월 30일

☆ ☆ 학 교 장 (직인)

- 교육실습생 인사
- 기관에 대한 제언과 건의
- 총평(기관장 혹은 책임 실습 지도자)

　소속 학과에서 이루어지는 평가회는 학과와 후배들에게 보다 나은 교육실습 경험을 제공하기 위한 목적으로 진행하는 것이므로 실습 기관이나 실습 내용의 개선을 위한 내용을 포함하고 있어야 한다. 이때 실습 기관 평가서를 활용하면 평가의 과정과 내용이 효과적으로 진행될 수 있다(〈예시 20〉 참조).

〈예시 20〉

실습 기관 평가서(실습생용)

이 설문지는 학교에서 이루어지는 전문상담교사 실습을 희망하는 학생들에게 실습 기관에 대한 도움을 주기 위해 제작한 설문지입니다. 설문 내용은 응답자의 평가 점수에 반영되지 않으며, 실습희망 학생들을 위한 정보제공용으로만 사용될 것이므로 본인의 실습 경험과 실습 기관의 프로그램 운영에 대한 본인의 생각을 솔직하게 표현해 줄 것을 부탁드립니다.

1. 교육실습생 인적사항

- 성 명: 김실습
- 학 번: 2011XXXXX
- 소속 학과: 교육학과
- 전화번호(HP): 010-XXXX-0000

2. 실습학교 정보

- 학 교 명: ○○중학교
- 주 소: ○○시 ○○구 ○○○길

3. 실습 기간 동안의 주요 실습 활동 혹은 담당 업무는?(복수 응답 가능)

- ✔ ① 상담 업무 보조
- ② 교육 지원 보조
- ③ 상담실 홍보
- ✔ ④ 심리검사 실시
- ✔ ⑤ 상담실 행정 업무 보조
- ⑥ 기타 잡무 _____

4. 실습 경험에 대한 설문

내 용	1	2	3	4	5
전반적인 실습 지도의 체계성				✔	
실습 지도 프로그램에 대한 만족도				✔	
실습 지도교사의 전문성					✔
실습을 희망하는 후배들에게 기관을 추천하는지 여부				✔	

1: 전혀 아니다. 2: 아니다. 3: 보통이다. 4: 그렇다. 5: 매우 그렇다.

5. 실습한 기관의 특징이나 장점 한 가지를 후배에게 전한다면?

상담실에 오는 것에 대해 학생들이 거부감을 갖고 있지 않아서 많은 학생을 만날 수 있어 좋았음.

학교상담
교육실습일지 작성

제3장

학교상담 교육실습일지 작성

1. 실습일지 작성 목적

실습일지는 실습하는 동안 매일의 일과를 기록하는 것으로, 보통 당일의 실습 일정, 실습 내용, 그리고 실습 소감(의견) 및 평가로 구성되어 있다. 교육실습생은 실습 과정에서 그 구체적인 내용을 서술하고 기록함으로써 자신과 실습 지도교사, 실습 지도교수가 실습을 통해 학습 목표를 성취하는 과정에 수행한 구체적 활동을 모니터할 수 있게 된다.

즉, 교육실습생은 실습일지에 자신이 수행하는 업무의 내용뿐만 아니라 자신의 상담 업무 수행에 대한 평가 및 분석을 기록함으로써 자신의 장점 및 부족한 점을 인식할 수 있고, 그것을 통해 자신의 상담 실력을 향상시킬 수 있다.

2. 실습일지 작성 방법

실습생은 자신의 업무 능력에 대한 스스로의 평가와 보완, 실습 후의 수행에 대한 평가를 하기 위해 실습 기간 동안의 모든 활동을 날짜별, 시간대별, 활동별로 기록한다. 실습일지 작성의 요령을 사전에 습득한다면 실습 시 보다 효과적으로 실습에 임할 수 있고, 그것을 차후 상담 장면에서 유용한 자료로 활용할 수 있을 것이다. 이를 위해 구체적 실습일지 작성 방법에 대해 살펴보면 다음과 같다.

1) 실습일지 기록 시 유의사항

- 실습 기록에 실습생의 성실성, 능력, 품위가 나타남을 명심하여 성의껏 기록하고 청결하게 보관·관리해야 한다.
- 실습일지의 모든 사항은 띄어쓰기와 맞춤법에 맞도록 성실하게 기록한다.
- 실습생 자기소개서는 실습 첫날 일지를 제출하기 전에 미리 작성해야 한다.
- 실습 기관 현황, 조직도, 월간·주간 계획안은 기관의 양식대로 실습 지도교사에게 받아 작성하거나 사본을 첨부한다.
- 출근 확인표는 출퇴근 시 매일 날인한다.
- 실습일지 작성 시 해당란이 좁아서 충분히 기록하기 어려울 때는 첨지를 붙여 기록한다.

2) 실습 일정

- 일과표 작성 시 시간 작성 방법은 일관성 있게 한다.
- 실습 일정을 시간에 따라 간단히 요약하여 기록하고, 관련된 자료는 모두 일지에 첨부한다.
- 매일 통상적으로 반복되는 내용은 처음에만 자세히 기록하고 그 이후부터는 간단히 요약하여 특이 사항만 기록한다.

3) 실습 내용

- 실습의 내용은 일과에 대한 실습생 개인의 감정, 느낌 등을 가능한 한 배제하고 사실에 근거하여 객관적으로 기록해야 한다.
- 용어는 상담과 관련한 내용에 근거하여 기록하며, 단어는 정확하고 일관되게 사용한다.
- 매일 반복되는 일과를 자세히 기록하기보다는 내담자의 반응, 태도, 상호작용, 의사소통 방법 등의 변화를 기록하는 것이 좋다.
- 집단상담이나 프로그램 운영 시 단순히 보조 진행자로 참여하거나 관찰하기보다 지도자의 진행 방법 등을 자세히 기록하는 것이 좋다. 기록이 곤란한 상황에서는 사전에 지도교사의 허락을 구한 후 녹음을 하는 등의 다른 방법을 찾도록 한다.
- 실습 기간 중 지도교사의 요청으로 제출한 자료는 모두 실습 기록철에 첨부한다.

4) 주간 활동안 작성법

실습 기간에 진행한 구체적인 활동을 기록하는 것으로, 작성 시 지나치게 세부적인 내용까지 기록할 필요는 없으며, 실습의 주간 목표와 학교 행사, 상담 실시 건수와 종류, 업무 등의 내용을 기록하고, 한 주간 실습 시 자신의 태도, 개선 방향, 유의점 등을 스스로 평가해서 기록한다. 또한 실습 지도교사에게 자신의 한 주간 실습 태도, 활동 등을 피드백받고 다음 주에 이루어질 활동을 전달받아 기록한다. 실습 계획서 작성 시 계획한 내용과 다소 차이가 날 수 있으므로 실시 과정 중에 변경된 내용은 그 이유와 변경 사항을 기록해 두는 것이 좋다.

5) 실습일지 작성법

실습일 하루 동안 이루어진 전체 일과와 실습 내용을 간단하게 요약하여 기록하고, 실습 지도교사의 전달 사항, 상담, 업무, 그리고 학급 운영에 참여한다면 조·종례 사항을 간단하게 기록한다. 또한 하루 동안 지도교사에게 피드백받은 내용이나 실습 과정에서 발생한 일에 대한 자기평가 및 소견을 기록하고, 다음 날 해야 할 일을 실습 지도교사에게 지시받아 정리하여 기록한다. 실습생은 실 습일지를 공식적인 실습 지도 시간 전인 당일 일과 후나 다음날 아침에 반드시 실습 지도교사에게 제출하여 실습일지 내용에 대한 피드백을 받도록 한다.

6) 상담 일지 및 체크리스트

상담 일지는 실습생이 실습 과정에서 직접 실시한 상담의 내용을 기록하는 것 으로, 상담 진행 날짜, 시간, 회기, 내담자의 행동관찰 내용, 상담자와 내담자의 상담 내용을 자세히 기록하며, 상담을 마친 후 전체 내용을 요약하고 다음 차시 계획을 기록한다. 상담의 내용은 실습 지도교사에게 매 회기마다 수퍼비전을 받 고 그 내용을 요약하여 기록한다. 체크리스트를 작성할 때는 실습생 자신의 태 도와 학생의 반응을 회상하여 표시하고, 표시한 내용을 토대로 수정·보완해야 할 부분을 찾아 다음 실습 계획서에 기록한다.

7) 심리검사 보고서 및 체크리스트

심리검사는 내담자, 즉 학생의 현재 심리 상태에 대한 객관적 자료를 받아서 학생을 좀 더 잘 이해하기 위한 수단이다. 심리검사 실시 전 반드시 각 검사에 필요한 오리엔테이션을 하고, 보고서를 작성할 때는 검사를 실시한 날짜와 검사 자의 행동 특성 등을 기록해야 한다. 또한 의뢰자와 실시한 검사의 종류를 기록 하고 검사 결과표를 첨부해야 한다.

보고서의 내용은 가능한 한 자세히 기록하고, 여러 검사를 동시에 실시했을 경우 종합 소견을 기록하여 학생에 대한 전체적인 이해를 높일 수 있어야 한다.

실습생이 심리검사를 실시할 경우 자신의 검사에 대한 이해도를 충분히 파악 해야 하고, 실시와 결과 해석이 가능한 검사에 한해서 실시해야 하며, 보고서 작성 시 검사자의 지나친 주관적 해석이 개입하지 않도록 주의해야 한다. 만약 결과 해석이 애매하다면 실습 지도교사에게 도움을 요청해야 하는데, 이때 실습 지도교사가 결과를 해석해 주기 전에 작성된 보고서를 중심으로 사전 점검을 받아야 한다.

검사를 실시할 때는 실습생 자신의 태도와 학생의 반응 등을 잘 살펴서 체크 리스트를 작성한다.

8) 집단상담 관찰 경험 보고서

실습생은 실습 기간에 실습 지도교사가 실시하는 다양한 활동을 관찰할 수 있는데, 그중 학교 상담 현장에서 가장 쉽게 경험할 수 있는 것이 집단상담으로, 실습 지도교사가 집단을 이끌어 가는 태도(표정, 행동, 언어)와 학생들과 상호작용하는 양상을 관찰하여 기록한다. 이때 도입, 전개, 마무리로 나누어 집단의 전체 흐름을 잘 이해할 수 있도록 기록하며, 각 회기마다 기록해야 한다.

집단상담을 진행하기 전에는 집단 진행의 전반적 내용을 듣고 중점을 두어서 기록할 내용을 선별하여 기록해야 하며, 특히 상호작용을 중심으로 기록해야 한다. 전체 내용을 기록한 후에는 관찰을 할 때의 소감을 간략하게 기록하고, 그 내용을 실습 지도교사에게 점검받는다.

9) 집단상담 리더 경험 보고서 및 체크리스트

실습생이 실습 중에 학생들을 대상으로 경험한 집단상담 리더로서의 경험을 실습 지도교사가 관찰한 후, 그것을 피드백한 내용을 기록하는 것이다. 이때 실습생은 프로그램 구성, 진행 내용, 진행 방식, 태도 등을 중심으로 피드백받아야 하며, 그 내용에 대한 자신의 소감을 자세히 기록해야 한다. 그리고 리더로서의 경험을 스스로 평가해 보는 집단상담 리더 경험 체크리스트를 작성할 때는 지나치게 긍정적이거나 부정적이게 적지 않도록 하고, 자신에 대한 객관적인 평가를 위해 집단 진행 상황을 녹화하거나 녹취할 수도 있다.

10) 실습 종결 보고서

4주간의 실습 기간을 모두 마친 후, 그동안의 실습 내용과 실습 과정에서 배운 행정적·교육적 측면의 지식 및 기술을 점검하고 평가하며, 자신의 업무 수행 정도와 실습 태도를 스스로 평가하여 기록한다. 더불어 실습에 대한 다양한 소감과 실습 이후의 계획 등을 기록해 본다.

기록을 할 때는 지나치게 일기 형식이 되지 않도록 주의하고, 실습을 통한 성과나 변화, 알게 된 내용 등을 중심으로 기록한다.

11) 상담실습 평가서

상담실습 평가서는 실습을 지도한 실습 지도교사가 작성하는 것으로, 실습생이 실제 실시하였거나 활동한 내용을 중심으로 실습생의 전체적인 실습 내용을 항목에 따라 꼼꼼히 평가한다. 평가한 내용은 학과에 제출(직접 혹은 우편으로 전달)한다.

12) 실습 기관 평가서

실습 기관 평가서는 실습을 모두 마친 후 학교에 실습일지를 제출하기 전에 작성하여 제출하며, 평가 시 객관적 사실을 근거로 꼼꼼하게 평가한다.

3. 실습일지 서식 예시 모음

학교상담실습 과정에 따른 서식

단 계	내 용	자 료
실습 준비	• 예비상담자 성숙도 검사 • 학교상담 교육실습 신청서 • 자기소개서 • 실습 준비서	[서식 1] [서식 2] [서식 3] [서식 4]
실습 초기 (1주)	• 서약서 • 실습 계획서 • 출근 확인표 • 주간 활동안 • 실습일지 • 접수 면접지	[서식 5] [서식 6] [서식 7] [서식 8] [서식 9] [서식 10]
실습 중기 (2주 · 3주)	• 주간 활동안 • 실습일지 • 접수 면접지 • 상담 일지 • 실습 중간 평가서 • 집단상담 관찰 평가 및 소감 • 심리검사 보고서 • 개인상담 실습 평가 및 소감 • 집단상담 리더 경험 평가 및 소감 • 심리검사 실습 평가 및 소감	[서식 8] [서식 9] [서식 10] [서식 11] [서식 12] [서식 13] [서식 14] [서식 15] [서식 16] [서식 17]
실습 종결 및 평가 (4주)	• 주간 활동안 • 실습일지 • 개인상담 종결 보고서 • 실습 종결 보고서 • 상담실습 평가서 • 실습 기관 평가서	[서식 8] [서식 9] [서식 18] [서식 19] [서식 20] [서식 21]

[서식 1]

예비상담자 성숙도 검사

※ 다음은 자신에 대한 생각이나 느낌, 태도를 나타내는 문항들입니다. 자신을 가장 잘 나타낸다고 생각하는 부분에 ○표해 주십시오.

번호	문항	전혀 그렇지 않다	대체로 그렇지 않다	별로 그렇지 않다	약간 그렇다	대체로 그렇다	매우 그렇다
1	살아온 내 인생을 돌이켜 볼 때 현재의 결과에 만족한다.	1	2	3	4	⑤	6
2	이제껏 살아온 삶의 방식을 뒤늦게 바꿀 수 없다고 생각한다.	1	②	3	4	5	6
3	나는 거의 항상 내가 어떻게 느끼고 있는지를 정확히 안다.	1	2	3	4	⑤	6
4	다른 사람과의 약속은 꼭 지키는 편이다.	1	2	3	4	⑤	6
5	나는 마음이 느긋하고 여유 있는 편이다.	1	2	3	4	⑤	6
6	나는 명쾌한 해답을 찾지 못하는 전문가는 대단한 전문가가 아니라고 생각한다.	1	2	3	4	⑤	6
7	나의 장래 일에 대한 결정을 미리 생각하고 싶지 않다.	①	2	3	4	5	6
8	과거에 실수를 저지르기도 했지만, 전체적으로 모든 일이 잘 되었다고 생각한다.	1	2	3	4	⑤	6
9	현재의 내 활동반경(생활반경)을 넓힐 생각이 없다.	1	2	3	4	⑤	6
10	나는 보통 내 감정에 대해 명확히 안다.	1	2	3	④	5	6
11	다른 사람들로부터 신용 있는 사람이란 말을 자주 듣는다.	1	2	3	4	⑤	6
12	나는 흥분을 잘한다.	1	2	3	④	5	6
13	나는 모호하고 불확실한 상황에 처하면 불안하고 스트레스를 받는다.	1	2	3	4	⑤	6
14	나는 목표를 정해 놓고 행동한다.	1	2	3	④	5	6
15	많은 면에서 내가 성취한 것에 대해 실망을 느낀다.	1	②	3	4	5	6
16	현재의 생활방식을 바꿔야 할 새로운 상황에 처하는 것을 싫어한다.	1	2	③	4	5	6
17	종종 나는 나의 감정이 무엇인지 구별할 수 없다.	1	2	③	4	5	6
18	나는 무슨 일에서든 책임의 한계를 명확히 한다.	1	②	3	4	5	6
19	전반적으로 나에게 나쁜 일보다는 좋은 일이 더 많이 일어날 것이라고 생각한다.	1	2	3	4	⑤	6
20	나는 불확실한 상황에서도 잘 견딘다.	1	2	3	④	5	6
21	나의 뜻대로 일이 진행되리라고 믿는다.	1	2	3	4	⑤	6
22	나 자신에 대해 자부심과 자신감을 갖고 있다.	1	2	3	4	⑤	6
23	나는 인생살이에 자극을 줄 새로운 경험을 많이 하는 것이 중요하다고 생각한다.	1	2	3	4	⑤	6
24	지금 내가 할 일이 무엇인지 잘 알고 있다.	1	2	3	4	⑤	6
25	부탁받은 일은 밤을 새워서라도 한다.	1	2	3	4	⑤	6
26	나는 평소에 기분이 거의 좋은 편이다.	1	2	3	4	⑤	6
27	종종 내 삶은 무의미한 것 같다.	1	2	③	4	5	6
28	내 성격의 거의 모든 면을 좋아한다.	1	2	③	4	5	6

29	나에게 있어 삶은 끊임없이 배우고, 변화하고, 성장하는 과정이다.	1	2	3	4	⑤	6
30	나는 항상 불안하고 뭔가 쫓기는 기분이다.	1	2	③	4	5	6
31	나의 삶의 목표는 비교적 명확하다.	1	2	3	4	⑤	6
32	나는 한 주일 동안에도 자주 기뻤다가 슬퍼지고, 그리고 슬펐다가 기뻐지곤 한다.	1	2	③	4	5	6
33	나는 내 미래에 대해 낙관적이다.	1	2	3	4	⑤	6
34	달성할 일이 무엇인지, 그것이 어떻게 달성될 수 있는지를 알 수 있는 명확한 직업이 좋다.	1	2	3	④	5	6
35	많은 사람이 모이는 모임을 즐긴다.	1	2	3	4	⑤	6
36	다른 사람의 입장을 잘 이해해 주는 편이다.	1	2	3	④	5	6
37	사람들은 나를 다소 차갑고 쌀쌀맞다고 생각한다.	1	2	3	④	5	6
38	내 생각과 감정을 그대로 솔직하게 말한다.	1	2	3	4	⑤	6
39	사람은 누구나 자기 나름대로 장점을 지니고 있다.	1	2	3	4	⑤	6
40	혼자 있는 것보다 여러 사람과 같이 있는 편이 즐겁다.	1	2	3	4	5	⑥
41	나는 다른 사람의 말이나 행동을 평가하기에 앞서 그의 입장이라면 어떤 기분이나 감정일지를 먼저 생각하는 편이다.	1	2	3	4	⑤	6
42	사람들은 나를 무뚝뚝한 사람이라고 생각한다.	①	2	3	4	5	6
43	나는 내 감정을 잘 표현하는 사람이라고 생각한다.	1	2	3	4	5	⑥
44	사람들은 스스로 자신의 일을 해결할 수 있는 능력을 지니고 있다.	1	2	3	4	⑤	6
45	사람들과 얘기하는 것이 즐겁다.	1	2	3	4	5	⑥
46	다른 사람의 사정이나 형편을 잘 배려하는 편이다.	1	2	3	4	⑤	6
47	사람들은 나를 따뜻하고 친절한 사람이라고 생각한다.	1	2	3	4	⑤	6
48	나는 나의 감정을 다른 사람들에게 표현하지 않는다.	1	②	3	4	5	6
49	사람들은 누구나 이 세상에 존재할 만한 이유와 가치가 있다.	1	2	3	4	5	⑥
50	여러 사람과 어울리기를 잘 한다.	1	2	3	4	⑤	6
51	다른 사람이 어려운 일을 당하면 잘 도와주는 편이다.	1	2	3	4	⑤	6
52	사람들은 나와 쉽게 친해질 수 있다고 생각한다.	1	2	3	4	⑤	6
53	나는 꾸밈없이 있는 그대로 행동한다.	1	2	3	4	⑤	6
54	대부분의 사람들은 정직하고 믿을 만하다.	1	2	3	4	⑤	6
55	남들과 같이 일하기보다 혼자서 일하는 것이 더 좋다.	1	2	3	④	5	6
56	다른 사람의 말을 진지하고 성실하게 들어준다.	1	2	3	4	⑤	6
57	가끔 다른 사람들과 이야기할 때 마음이 편치 않으면서도 겉으로는 아무렇지도 않은 듯 대화한다.	1	2	3	4	⑤	6

* 2, 6, 7, 9, 12, 13, 15, 16, 17, 27, 30, 32, 34, 37, 42, 48, 55: 역채점 문항

출처: 이한녕(2005). 상담자성숙도 검사개발 및 타당화 연구. 가톨릭대학교 대학원 석사학위 논문을 토대로 수정 · 보완함.

성숙도 채점
57~114점: 상담자 성숙도 낮음
115~228점: 상담자 성숙도 보통
229점 이상: 상담자 성숙도 높음

[서식 2]

학교상담 교육실습 신청서

	학부(과)	교육대학원	전 공	상담심리
	학 번	2012100000	학 년	3학기
신청학생 인적사항	성 명	한글: 백○○	한자: 白○○	
	주민등록번호	87××××-○○○○○○○		
	주 소	○○시 ○○구 ○○동 ○○○아파트 302동 1406호		
	전 화	자택: 070) 8××-○○○○ 휴대폰: 010-7×××-○○○○		
실습 기관	기 관 명	○○중학교		
	주 소	○○시 ○○구 ○○로 139		
	전 화	교장실 616-○○○○ 행정실 606-○○○○ 교무실 606-○○○○ 팩 스 606-○○○○		
	실습담당 부서명	교육연구부		
실습예정기간		2014년 5월 1일 ~ 2014년 5월 30일 (4주)		

위와 같이 학교상담 현장실습을 신청합니다.

2014년 5월 1일

신청인: 백○○ (서명 또는 날인)

E-mail: chams○○@○○○.com

[서식 3]

자기소개서

1. 인적사항

사진 3×4	성명	백○○	주민등록번호	87××××-○○○○
	소속	○○대학교 교육대학원 상담심리전공	지도교수	○○○
	현주소	○○시 ○○구 ○○동 ○○○아파트 302동 1406호		
	전화번호	자택: 070) 8××-○○○○ 휴대폰: 010-7×××-○○○○	E-mail	chams○○@○○○.com

2. 경력

구분	기관	기간	내용
1	○○교육정보원	2010년 4월 ~ 2013년 4월 현재	상담자원봉사자
2	○○청소년상담복지센터	2011년 4월 ~ 2013년 9월	○○보조강사
3	○○남구청소년상담복지센터	2013년 5월 ~ 현재	성품 외래강사
4	○○청소년성문화센터	2013년 6월 ~ 현재	성폭력예방외래강사

3. 전문상담교사가 되고자 하는 동기

- 청소년상담을 하고 싶으며, 청소년들이 꿈과 희망을 잃지 않고, 정서적 안정을 유지할 수 있게 하는 상담으로 도움이 되고 싶다. 특히 사회적으로 소외된 위기청소년에게 용기와 지지를 주고 싶다.
- 학교생활 적응에 꼭 도움이 되고 싶다.

4. 전문상담교사가 되기 위한 자신의 강점과 약점

구분	상담지식과 기술 측면	개인적인 특성 측면
강점	• 학교현장(초 · 중 · 고등학교)의 실질적 개인 및 집단상담 경험 • 개방적이고 진솔하며 인간적인 접근의 상담 • 행동주의 상담 접목	• 학생, 교사, 학부모 연계의 긍정적 이해 도모 • 인내심이 강함 • 빠른 라포 형성 • 위기청소년에 강점 • 공감, 경청 • 친근함, 편안함, 체계적임
약점	• 다양한 심리검사 기술 부족 • 청소년의 문화에 대한 정보 부족 • 집단상담 프로그램 전 회기 구성이 미약	• 청소년상담사 자격증 미보유 • 약한 체력 • 상담 전 꼼꼼한 준비 필요

5. 실습 과정 중에 꼭 해 보고 싶은 것

- 집단상담
- 심리검사
- 개인상담
- 슈퍼비전을 받고 싶다.

[서식 4]

실습 준비서

학교	○○대학교 교육대학원	학번	2012I○○○○○○○
성명	백○○		

기관명	○○중학교
주소	○○시 ○○구 ○○○로 139
전화번호	606-○○○○ (행정실)
실습 시기	2014년 5월 1일 ~ 2014년 5월 30일
실습 지도자	○○○

◆ 실습 목표

학교상담의 실제와 학생들의 학교생활, 교우관계, 교사의 생활 등을 안다.

◆ 실습지 선택 이유

전문상담교사의 전문적인 상담교육이 필요해서이다.

◆ 실습을 통해 배우고 싶은 것

실제적 학생들에 따른 개인상담, 집단상담, 심리검사 등 학생상담 전반의 현장체험을 하고 싶다.

◆ 실습지 및 실습 지도자에게 바라는 점

체계적인 상담과정과 전문상담교사의 역량 강화 및 철학에 대한 조언을 얻고 싶다.

[서식 5]

서 약 서

    본인은 ○○중학교 실습생으로서 실습에 성실히 임할 것이며, 실습 기간 동안

알게 된 내담자와 기관에 관한 정보에 대해 전문적인 업무 이외에는 비밀을 유지

할 것을 서약합니다.

2014년 5월 1일

실습생: 백○○ (인)

○ ○ 중 학 교 장 귀 중

[서식 6]

실습 계획서

1. 실습 목적: 전문상담교사로서의 자질 갖추기

2. 실습 목표: Wee클래스 업무, 집단상담, 개인상담, 심리검사(해석), Wee클래스 홍보, 전문상담교사의 자세

3. 실습 분야: 상담교재 연구 및 집단상담 프로그램 제작, 상담일지 작성, 사례 개념화, 심리검사지 작성, 실제 수업 참관 및 협의회, 선진기자재 활용 자료 제작 익히기, 학생상담 및 생활 지도, 교육실습평가회, 동아리 활동지도, 바람직한 교사상, 공무원 복무 과정 및 교무행정 일반, 2009개정 교육과정 연수, 직원종례 및 연수 참석, 수업 연구에 대한 협의회

4. 실습 기간: 2013년 5월 6일 ~ 2013년 5월 31일 (4주간)

5. 실습 교육 계획

단위 시간	내용	담당	비고
40시간	집단상담 실시 및 피드백	○○○	
28시간	개인상담 실시 및 피드백	○○○	
7시간	심리검사 실시 및 해석	○○○	
20시간	Wee클래스 홍보 행사(제작·안내)	○○○	
3시간	참관 수업(진로·사회·미술)	□□□	
6시간	상담교재 연구 및 협의회	○○○	
14시간	교생실습대상자 특강	□□□	

6. 실습 지도 방법

• 개인상담실습 지도 방법: 상담교재 연구 및 협의 토론 → 접수면접질문지·개인상담 실시 → 상담일지 및 접수면접질문지 작성, 사례 개념화 작성(축어록) → 피드백(수퍼비전)

• 집단상담실습 지도 방법: 집단상담 프로그램 제작 → 집단상담 프로그램 실시(코리더 참여) → 리더경험 보고서 및 관찰 보고서 작성 → 피드백

• 기타 실습 지도 방법:
  - 심리검사 해석에 대한 연구 → 심리검사 해석 실시 → 심리검사보고서 작성 → 피드백
  - Wee클래스 홍보에 대한 협의회 → 홍보물 제작 지원 → 땡큐데이(Thank you day) 행사 실시 → 피드백

7. 실습생 자기 평가 지표(7점 만점 척도 이용)

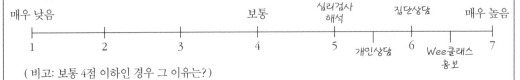

(비고: 보통 4점 이하인 경우 그 이유는?)

실습생: 백○○ (서명)

실습 지도교사: ○○○ (서명)

[서식 7]

출근 확인표

실습생: 백○○

5월 6일(월)	5월 7일(화)	5월 8일(수)	5월 9일(목)	5월 10일(금)
07:40~16:30	07:45~16:30	07:50~16:00	07:45~16:00	07:40~16:00
5월 13일(월)	5월 14일(화)	5월 15일(수)	5월 16일(목)	5월 17일(금)
07:40~16:30	07:45~16:30	07:40~16:30	07:35~16:30	석가탄신일 공휴일 휴교
5월 20일(월)	5월 21일(화)	5월 22일(수)	5월 23일(목)	5월 24일(금)
07:35~16:30	07:50~16:30	07:50~16:30	07:35~16:30	07:40~16:30
5월 27일(월)	5월 28일(화)	5월 29일(수)	5월 30일(목)	5월 31일(금)
07:50~16:30	07:55~16:30	07:50~16:30	07:5~16:30 조퇴 10:30~12:30(공무)	07:50~16:30
월 일	월 일	월 일	월 일	월 일

[결석: /   지각: ∮   조퇴: ✕]

※ 실습생은 출 · 퇴근 시간을 정확하게 기록한다. (예: 08:30~17:00)

※ 실습 지도자는 익일 실습일지 점검 시 확인한다.

실습일	20일	결석	0일	지도 교사	○○○ (인)
		지각	0일		
출근일	20일	조퇴	1일		

[서식 8]

주간 활동안(1주)

일시	2013년 5월 6일(월) ~ 5월 10일(금)					
주간 목표	• 학교경영방침 및 교사의 자세를 알고 상담 실습 계획을 안내하며, 요령 전달 및 교생 협의회를 갖는다. – '땡큐데이(Thank you day)' 행사 준비 및 토의를 한다.					
주간 계획	• 실습 오리엔테이션					
	• 교직실무특강					
	• 수업 참관(진도)					
	• '땡큐데이' 안내 패널 제작 및 감사카드 제작					

		5월 6일 (월)	5월 7일 (화)	5월 8일 (수)	5월 9일 (목)	5월 10일 (금)	비 고
학교행사		교생 소개 및 인사	재난 대비 훈련 강당 발대식	1~3학년 현장체험학습 및 수련회			
상담 업무	접수면접						
	개인상담						
	집단상담						
	심리검사						
행정업무		(특강)1교시: 학교경영방침 및 교사의 자세	(특강)1교시: 진로지도 및 상담의 필요성과 현황, 봉사활동	<5월 8일~5월 10일> Wee클래스 '땡큐데이' 주간의 날 –행사 안내 패널 및 사진 콘테스트 개최 패널 제작 –감사나비카드 540장 제작			
		2교시: 교육실습 계획 및 안내, 요령 전달	2교시: 교육계획서 및 학교교육과정 안내				
		3교시: 공무원 복무규정 및 교무행정 일반	3교시: 학교 현황 및 시설 안내				
		6교시: 직원종례 및 2009개정교육 과정 연수 참석	4교시: 학습지도안 작성 및 수업준비안내				

평가	교생실습 첫 주의 긴장감 완화 및 적응, 학교상담실 알기
지도교사 조언	• 학교 전체 시스템에 대한 시각 갖기 • 학교행사 진행 참여로 학생을 행복하게 해 줄 수 있는 기회 만들기 • '학교상담컨설팅'으로 학생상담의 이해 폭을 증진하기 • 꼼꼼한 상담과제 준비로 상담교생실습의 효율성을 높이기
주간 계획	• 상담 전 상담이론에 관한 연구발표 토론 • 전체 피드백 • '땡큐데이' 행사 실시 • 또래집단상담 '솔리언 또래상담' 실시

주간 활동안(2주)

일시	2013년 5월 13일(월) ~ 5월 16일(목)(5/17 석가탄신일 유무)					
주간 목표	• 상담 실시 전 '학교생활', '학교폭력 예방', '학생 위기 유형'에 따른 상담기법 연구토론회를 열고 띠드백을 받는다. • Wee클래스 '땡큐데이'를 통해 상담실 홍보에 대해 안다. • 진로수업 참관으로 상담 관련 수업에 대해 익힌다.					
주간 계획	• '학교생활 컨설턴트 상담 사례집', '학생위기 유형과 전문상담기법' • '청소년을 위한 효과적인 청소년 상담' 연구발표 및 띠드백 • 땡큐데이 행사 실시 • 진로수업 참관 • 동아리 활동 시간(수, 금 6~7교시)에 '또래집단상담' 실시에 따른 활동계획 세우기					
	5월 13일 (월)	5월 14일 (화)	5월 15일 (수)	5월 16일 (목)	5월 17일 (금)	비 고
학교행사	교생협의회	창의적 체험활동	동아리 활동 6~7교시 (술러언또래상담)	창의적 체험활동	창의적 체험활동	
		'땡큐데이' 1학년	'땡큐데이' 2학년	'땡큐데이' 3학년		
상담업무 · 접수면접	'학교생활 컨설턴트 상담 사례집' 발표 및 토론 띠드백	Wee클래스 홍보 주간 '땡큐데이'				
		1학년 →	2학년 →	3학년		
상담업무 · 개인상담	없음	없음	'학생위기 유형과 전문상담기법' 발표 및 토론, 띠드백	'학생위기 유형과 전문상담기법' 발표 및 토론, 띠드백		
상담업무 · 집단상담	없음	없음	술러언 또래상담 관찰	진로수업 참관		
상담업무 · 심리검사	없음	없음	없음	진로 수업 참관록 작성		
행정업무	직원종례 및 연수	(특강) 학생부 관련 업무 1교시: 학생생활 지도방법	청소 지도	(특강) 2교시: 바람직한 교사상		
	급식지도	4교시: 학교생활 기록부 및 출결 관리, 문서처리	복도생활 지도	3교시: ICT 활용 및 선진기자재 활용		
	청소 및 복도 · 생활 지도			3~6반 인터넷 및 스마트폰 사용 실태 검사지 체크		
	교육활동보고서 소감문 제출	6교시: 창의적 체험활동				

평가	• 학교상담 전 학생에 대한 사전 파악 및 유형 정리 꼭 필요 • 학교상담실 Wee클래스 홍보의 중요성 알기
지도교사 조언	• 집단상담 참관과 학교행사에의 적극적 참여로 알찬 실습이 되도록 하기 • 학생위기 유형의 원인을 알고 학생상담에 접근한다면 학생들에게 많은 도움이 될 것이다. • 이론과 실례를 통해서 배우고 현장에서 실천하기 • 집단상담 경험 시 학생들 특징을 잘 관찰하기 • 심리검사 해석은 상담 실시 시 중요한 자료로 사용되니 잘 익히기 바란다.
주간 계획	• 친구관계증진 집단상담 실시(1~2회기) • 상담이론에 관한 연구발표 토론 • 심리검사해석 보고서 작성 • 전체 피드백 • 학생정서행동 특성 검사 우선관리 대상자(자살군)에 대한 접수면접 질문 및 개인상담 실시

주간 활동안(3주)

일시	2013년 5월 20일(월) ~ 5월 24일(금)					
주간 목표	• 또래 · 친구 관계증진 집단상담을 실시하며, 각 회기별 리더경험 보고서와 관찰 보고서를 작성한다. − 심리검사해석 보고서를 작성한다. • 접수면접상담 및 일지작성을 한다.					
주간 계획	학교상담컨설팅					
	진로 '조부모의 날' 운영 안내−패널 제작, 안내					
	친구 관계증진 집단상담 프로그램 계획, 운영					
	'사회' 참관수업					
	5월 20일 (월)	5월 21일 (화)	5월 22일 (수)	5월 23일 (목)	5월 24일 (금)	비 고
학교행사	학생 기본생활습관 지도	학부모 공개수업 안내	진로 '조부모의 날' −전교 직원 참여 '사회' 수업 참관 → 참관록 작성	교단 선진기자재 활용 자료 제작 −알툴바 이용		
상담업무 – 접수면접	없음	없음	없음	학생정서행동 특성검사, 자살 우선관리 대상자 개인상담 · 접수 면접 실시 계획	학생 기본생활습관 지도	
상담업무 – 개인상담	'청소년을 위한 효과적인 청소년상담' → 연구 발표 및 피드백 − 학교상담컨설팅, 연구토론		상담일지 점검		축어록 1건 및 상담일지 2건 작성	
상담업무 – 집단상담	친구 관계증진 집단상담 프로그램 지도안 작성 (1~8회기)	또래집단상담 '반갑다 친구야! 우리 멋진 친구 돼' 1~2회기 작성	→ 시행 (6~7교시) 1~2회기 및 피드백(리더 경험 보고서 및 소감 보고서)	→ 친구 관계증진 집단상담 피드백	또래집단상담 '반갑다 친구야! 우리 멋진 친구 돼' 3~4회기 실시 (리더경험 보고서 및 소감 보고서)	
상담업무 – 심리검사	없음	MMTIC심리 검사지 해석 − 보고서 제출	없음	없음	SSI-Beck (자살) 1건 및 SDS (우울) 1건 실시	

행정업무	직원종례 및 연수	복도생활지도	청소 지도	교문 지도	방과후 청소 지도	
	급식 지도	없음	복도생활지도	복도생활지도	복도생활지도	
평가	• 학교행사에의 적극적 참여로 학교의 중요도 인지 • 개인상담 전 접수면접상담의 실시 요령 숙지, 축어록 작성 숙지 • 집단상담 프로그램 전체 회기 목록표 작성					
지도교사 조언	• 심리검사 해석을 상담현장에서 잘 활용하라. • 집단경험을 같이 하면서 학생의 비언어적인 부분을 놓치지 마라. • 접수면접을 통해 상담 시 다루어야 할 내용을 정리하고 또래집단상담 진행 시 학생들에게 피드백을 잘 배분하도록 하라.					
주간 계획	• 친구관계증진 집단상담 '반갑다 친구야! 우리 멋진 친구 돼' 실시(3~8회기) • 학생정서행동 특성 검사 자살고위험군 접수면접질문지 작성 및 개인상담 • 전체 피드백 • 심리검사 SSI-Beck(자살), SDS(우울) 실시 • 교생실습 종료 정리					

주간 활동안(4주)

일시	2013년 5월 27일(월) ~ 5월 31일(금)					
주간 목표	• 친구 관계증진 집단상담을 실시하며 리더경험 보고서와 관찰 보고서를 작성한다. • 학생정서행동특성검사에 따른 개인상담 실시와 접수면접질문지를 작성한다. • 심리검사지 SSI-Beck, SDS를 점검한 후 개인상담일지에 참고한다.					
주간 계획	• 교내 체육대회 참가 • 접수면접 상담 실시 • 친구 관계증진 집단상담 프로그램 운영 • 생활 지도 • '미술' 교생수업 참관 • 교생실습 종료 준비, 정리					

		5월 27일 (월)	5월 28일 (화)	5월 29일 (수)	5월 30일 (목)	5월 31일 (금)	비 고
학교행사		교내 체육대회		진로검사 해석	교육실습 평가회	교생실습 종료 인사	
				교육청 담임장학 2~3교시 수업공개	'미술' 교생수업 참관 (참관록 작성)		
상 담 업 무	접수면접	접수면접질문지 2건 정리	SSI-Beck (정서행동검사) 자살군 접수면접 상담 4회 실시	→ 접수면접상담 3회 실시	→ 접수면접상담 1회 실시, 접수면접상담 일지 10건 총정리	접수면접상담 일지 10건 총정리	
	개인상담	상담일지 2건 정리	상담일지 작성	상담일지 작성	상담일지 작성	개인상담 1건, 상담일지 작성	
	집단상담	집단상담 리더 경험 보고서 및 관찰 보고서 정리	또래집단상담 '반갑다 친구야! 우리 멋진 친구 돼' 5~8회기 협의 및 점검	5회기 '벽돌쌓기 게임' 진행 (리더경험 보고서 및 소감 보고서)	상담교생 학습자료 제작 (또래집단상담 PPT)	또래집단상담 6회기(리더경험 보고서 및 소감 보고서) 및 7~8회기(관찰 보고서) 진행	
	심리검사	SSI-Beck (자살) 1건 및 SDS(우울) 심리 검사 1건 정리·작성	SSI-Beck (자살) 4건 및 SDS(우울) 4건	SSI-Beck (자살) 3건 및 SDS(우울) 3건	검사지 9건 정리	검사지 9건 정리	

행정업무	운동장 정리 지도	직원조례 및 연수	청소 지도	교문 지도	복도생활 지도	
	복도생활 지도	복도생활 지도	복도생활 지도	복도생활 지도	방과후 청소 지도	
	달리기 순위 표시				교생실습 결과물 제출	
평가	• 심리검사에 대한 중요도 및 실시 숙지 • 친구관계증진 집단상담 리더경험 체험 • 리더경험 보고서 · 관찰 보고서 · 심리검사지 작성 숙지					
지도교사 조언	• 학교행사를 통해서 활발하게 참여하는 학생들에게는 지지해 주고, 우두커니 있는 학생들은 눈여겨 보면서 관심을 기울이는 것이 필요하다. • 면접을 할 때는 접수면접을 통해 상담 계획을 세우고, 계속 상담에 임하면서 그림을 그릴 수 있도록 면접하기 • 자살에 초점을 맞춰 묻고, 자살에 대한 구체적 상황이나 행동을 파악하는 것이 중요하다.					
주간 계획	• 상담실습을 통해 배운 것을 구조화하고 그 경험으로 새로운 상담의 기반이 되도록 하자. • 집단상담 평가 시 학생들의 전체 소감을 잘 듣고 부족한 학생은 개인상담으로 이어지도록 하자.					

[서식 9]

실습일지

지도교사	부 장	교 감	교 장

일 시	2013년 5월 7일 화요일			
전달 사항	• 진로지도 및 상담의 필요성과 현황, 봉사활동(특강) • 학습지도안 작성 및 수업준비 안내(특강) • 교과 · 학습지도 실습 안내 및 수업 참관			
상담 업무	'땡큐데이(Thank you day)' (5/14: 1학년, 5/15: 2학년, 5/16: 3학년) -고마웠던 친구와 선생님들께 자신의 마음 편지와 사탕으로 표현하는 날 -사진 콘테스트, 선물 증정(베스트 다정상, 귀요미상) -준비와 사전 협의	1교시 / 지도교사 면담 2교시 / 수업연구 참관 3교시 4교시	5교시 6교시 / 수업연구 참관 7교시 방과후	
행정 업무	-교육계획서 및 학교 교육과정(특강) -학교 현황 및 시설 안내(특강) -재난 대비 훈련 -수련회 발대식(강당) <전교생 교생선생님 소개>			
학급 전달 사항 (조 · 종례)	-교생실습실 청소 지도			

소견 및 개선점	구체적이고, 학생의 미래를 위해 설계되는 진로상담이 매우 인상적이었다. 학년 초 3~4월에 배부되는 진학 안내 사이트 안내지와 드림레터도 학생과 학부모의 진로 결정에 많은 도움이 될 듯하다. 수업지도안 짜는 요령부터 컴퓨터에서 자료를 검색하고 다운로드하는 절차를 알게 되어 매우 좋았고, 'PPT'가 아닌 '프레이지'라는 새로운 교수자료를 접하게 되어 더욱 다양하고 생동감 있는 교육자원을 활용할 수 있게 된 것 같아 기대가 되었다. 그리고 각 특강 담당 선생님의 학생 마음을 읽는 능력에서 그분들의 제자 사랑이 느껴져 기분이 흐뭇하고 따뜻해졌다. 내일 현장체험을 가기에 전교생 발대식을 하였다. 금연 선서와 상장 수여 등도 하였다.

지도교사 조언	학교가 돌아가는 시스템에 대한 전체적인 시각을 가질 수 있길 바랍니다.	지도 교사	○○○ (인)

실습일지

지도교사	부장	교감	교장

일 시	2013년 5월 13일 월요일			
전달 사항	• 수업 참관 • 청소 지도 및 종례 참관 • 교문 지도 • 직원 조례 및 연수			

	상담 업무			
상담 업무	'학교생활 컨설턴트 상담 사례집' 발표 및 토론 -학교폭력: ① 밀어서 자신이 때린 경우도 양쪽 모두 가해자인 동시에 피해자 임. 신고하지 않은 사람도 포함됨. 학교폭력대책자치위원회 개최 시 전문상 담교사도 참여함. ② '강제출석정지'의 긴급보호는 피해학생의 안전을 위한 조치임. ③ 피해학생은 학교장 권한으로 타학교 전학 조치가 가능함. ④ 괴롭 히기 어려운 학생은 신고를 잘하고 자기주장을 단호히 하는 학생임. ⑤ 학교 폭력 발생 시 1차로 담임 혹은 상담 교사에게 도움 요청 → 117 신고. ⑥ 친구 사이의 관계 회복을 위해 진솔한 대화 시도 및 자기주장표현 능력 기르기	1 교시		5 교시
	-학습문제: ① 지엽적임. 딱히 답이 없고 개별적으로 다름. ② 집단상담을 하 라(학습전략 · 학습력 향상). 동기는 있는데 성적이 향상되지 않는 학생들은 기말고사 1개월 전에 노트 정리를 확인하여 성적을 올리도록 하기 ⇒ 꼭 점검 하기(과제 수행이 매우 중요). ③ '자신만 뒤처지는 것 같은 학생'은 다른 심 리적 문제가 있을 가능성을 감안하고, 보통은 '진로' 문제로 오기에 충분히 따져본 후 진로진학 부장 선생님께 안내하기	2 교시	지도 교사 면담	6 교시	연구 수업 참관
	-진로문제: ① 심리적 어려움이 많은 학생은 주로 진로문제로 옴. ② 진로검사 결과를 확인한 후 심리적으로 접근함('언제부터 하고 싶었고 언제부터 좌절 했나?). ③ 문제가 무엇인지 막연한 학생은 관심만 주는 것이 아닌 구체적 · 실제적으로 어떤지 알아가면서 한 가지 원인을 추려내야 함. ④ 글쓰기는 못 하지만 운동을 잘하는 학생이라면 운동 관련 책을 읽거나 운동 소재의 글을 써 보게 하는 것도 좋음 → 기본 정보만 주고 스스로 찾도록 권유함. -친구문제: ① 가장 상담 의뢰가 많음. 소극적이고 자신감이 낮음 → 거절 두려 움 없애기, 활발하고 친구 많으나 험담으로 결국 멀따. ② 자신이 인기가 없다 고 생각하는 학생에게는 모든 사람이 자신을 좋아할 수 없다는 것을 이해하 게 하고, 자신을 좋아해 주는 친구에게 집중하도록 하기, 취향 알기, 솔직한 대화 시도하기. ③ 자신을 부하처럼 부리는 친구에게는 우선 자신의 의사를 전달한 후 수정이 안 될 경우 단호한 행동을 보여야 함.	3 교시		7 교시
	-가정문제: ① 대부분 학교 부적응 학생의 가정문제가 근간을 이루며, 교사에 게 반항을 함. 부모문제가 끼어 있으면 부모에게 쌓인 분노를 교사에게 풀려 고 함(예: 폭력 학생은 '아동보호신고센터'에 신고). ② 상담의 한계를 생각 해 한 번씩 확인할 수 없는 부분에 대해 명확히해야 함. ③ 복지비 예산으로 소외 계층 학생의 심리치료 가능(예: 폭력과 죽음에 노출된 학생은 병원을 거 부함. 따라서 건강가정지원센터에서 위기가정에 지원하는 동시에 또래상담 과 미술치료 등을 병행함)	4 교시		8 교시

행정 업무	–학습자료 제작	–교생 협의회		
학급 전달 사항 (조 · 종례)	–직원종례 참석(월)			
소견 및 개선점	요즈음 학교폭력이 매우 많이 발생하여 학교나 학생, 학부모가 힘든 상황에 놓여 있다. 청소년상담사가 꿈인 나 역시 항상 신경이 쓰이고, 어떻게 하면 학교폭력이 없는 학교가 될 것인가 고민하고 있다. 가해자나 피해자인 동시에 피해자나 가해자가 되는 학교폭력은 학생들에게 많이 알려졌을 뿐 아니라 학교폭력대책자치위원회를 열어 처분을 내리고, 생활기록부에까지 기록하는 매우 조심스럽고 중요한 사항이다. 우리 전문심리상담사의 역할이 크지 않을까 생각해 본다. 이외에도 '학습문제', '진로문제', '친구문제', '가정문제' 등을 지닌 청소년이 평온한 마음을 지니고, 희망을 품으며, 또래와 좋은 관계를 유지한다면 '인생은 참 살아 볼 만하구나.'라는 의지가 샘솟을 것이다. 교생선생님의 꼼꼼한 자료 준비로 상담 사례와 관련하여 대처 방법 및 앞으로 좋은 상담이 될 수 있는 역량을 키우기에 오늘 발표 토론은 좋은 실습이 되었다.			
지도교사 조언	정말 열심히 정리했네요. 성실히 최선을 다하는 모습 보기 좋아요.		지도 교사	○○○ (인)

실습일지

지도교사	부 장	교 감	교 장

일 시	2013년 5월 15일 수요일			
전달 사항	• 동아리 활동 참관 및 또래상담 • '땡큐데이' (2학년)	• 연구토론(학생위기 유형과 전문상담기법)		
상담 업무	'학생위기 유형과 전문상담기법' 연구 및 토론 1. 위기청소년의 개념 이해: 현재에는 나타나지 않으나 적절한 개입이 이루어지지 않은 미래에는 청소년에게 부정적 결과를 가져올 수 있는 상황이다. ▶ G.cplan 위기이론: 반드시 부정적인 것이 아닌 외부의 조력으로 새로운 해결 방법을 찾으려는 동기가 높아져 성장발달의 가능성이 있다고 본다. ▶ 위기청소년은 ① 보호자가 없거나 보호자의 실질적 보호를 받지 못하는 청소년(가출청소년, 소년소녀가장, 실질보호를 받지 못하는 청소년), ② 학업중단 청소년: 고등학교 이하의 학교에서 학업을 중단한 청소년, ③ 교육 및 선도 대상 청소년 중 비행 예방의 필요성이 있는 청소년(학교폭력 피해자 및 가해자, 집단따돌림 피해자 및 가해자, 비행·범죄 가해자 및 피해자, 우울 및 자살 위험 청소년) ▶ 위기청소년의 심리적 특징: 매우 활동적·공격적·충동적·반항적, 자신에 대해 무가치함, 감정조절 능력 부족, 비행은 우월감의 표현 수단, 공격적 행동은 우월감의 유지 수단, 그밖에도 가정문제, 친구관계 문제, 학교생활의 혼란, 지지와 애정 결핍 등을 지님. 2. 위기 유형: NEIS, CYS-NET, Wee센터 공통 위기 유형 분류 ① 가족: 부모 간 갈등 및 폭력, ② 일탈 및 비행: 학교폭력(가해자 및 피해자), 금품 갈취 및 도벽, ③ 성: 성폭력(가해자 및 피해자), ④ 대인관계: 집단따돌림 및 왕따, ⑤ 정신건강: 우울 및 불안, 반항성 및 품행성 문제, 충동(분노) 조절 문제, 주의산만 및 과잉행동, ⑥ 컴퓨터 및 인터넷 사용: 인터넷 과몰입	1 교시		5 교시
		2 교시	땡큐 데이	6 교시
		3 교시		7 교시
		4 교시		8 교시
행정 업무	-교과 및 학습 지도 시 실습·수업 참관 -학습자료 제작 -8시 교문 지도	-학생생활 지도 -스승의 날 행사		
학급 전달 사항 (조·종례)	-수업 분위기 형성 -심한 장난 금지 -개인 물컵 사용			

소견 및 개선점	평소 위기청소년에 관심이 많았던지라 학생위기 유형과 전문상담기법의 연구과제는 내게 매우 필요하고 유용한 과제가 되었다. 위기는 단계별로 진행되며 가정 내나 학교, 친구관계에서 불안정하고 산만하거나 짜증이 많다면 3단계의 고위기 징후일 가능성이 많음을 알았다. 이때 학생들을 잘 돌보는 것이 매우 중요하며, 상담교사가 잘 인식해서 부모님이나 담임선생님 및 친구와의 관계를 살펴보고 도움이 되어야 할 것이다. 어제에 이어 오늘은 2학년 '땡큐데이'를 하였다. 조금은 어색해했지만 학생들은 선생님께 감사의 편지를 전달하고, 포즈를 취하면서 즉석사진을 찍기도 하는 등 즐거운 시간을 가졌다. 또한 평소 친한 친구에게도 마음을 표현하고 감사하는 시간을 가져 행사를 진행하는 내내 뿌듯하고 즐거운 마음이 들었다.		
지도교사 조언	학생위기 유형을 잘 정리하셨습니다. 이런 위기 유형의 원인을 알고 학생상담에 접근한다면 학생들에게 많은 도움이 되리라 생각합니다.	지도 교사	○○○ (인)

실습일지

지도교사	부 장	교 감	교 장

일 시	2013년 5월 23일 목요일				
전달 사항	• 학생상담 및 생활 지도(질서 지키기) • 교재연구 및 학습지도안 작성 • 동아리 활동 지도				
상담 업무	-심리검사(MMTIC 성격유형검사) 해석 상담 -심리검사보고서 피드백 -또래집단상담 1~2회기 피드백 -리더경험 보고서 및 관찰자 경험 보고서 -학생정서 및 행동특성검사 결과 우선 관리 대상자 -개인상담 계획(5월 24일 금요일 실시): 교생 1인당 학 생 3명 개인상담 및 접수면접 실시	1교시		5교시	
		2교시	수업공개 참관	6교시	심리검사 해석 상담
		3교시		7교시	
		4교시		방과후	
행정 업무	-실제 수업 및 협의회 -교단 선진기자재 활용 자료 제작 -실제 조 · 종례				
학급 전달 사항 (조 · 종례)	-점심시간 학생 지도(유리창 따손 후 사후정리 철저) -방과 후 청소 지도				
소견 및 개선점	여학생 3명이 신청한 MMTIC 성격유형검사 결과를 해석하기 위해 어제 내준 과제인 심리검사 보고서를 피드백 받았다. U밴드는 청소년의 성격이 분화되지 않은 상태를 드러내는 특징으로, 양쪽의 성향이 공존하는 상태다. 뚜렷한 성향은 대학생이 되면 드러난다고 한다. 내외향성, 인식면, 판단면, 생활양식 면에 대한 이 검사는 학생개인상담 때 참고하면 매우 유용할 듯하다. 또한 또래집단상담에 대한 피드백을 받으면서 내게 부족한 세심한 학생관찰에 노력을 게을리하지 말고 계속 깨어 있어야 하겠다는 다짐을 다시금 한 시간이었다.				
지도교사 조언	심리검사 결과가 상담에 도움이 될 수 있도록 해석하시고 집단상담에서 학생들 간의 상호작용을 일으키는 방법에 관심을 가져 보세요.	지도 교사		○○○ (인)	

실습일지

지도교사	부 장	교 감	교 장

일 시	2013년 5월 27일 월요일					
전달 사항	• 교내 체육대회 • 교재연구 및 학습지도안 작성					
상담 업무	-접수면접질문지 작성 -학생상담일지 작성 -상담일지에 대한 피드백 및 협의	1교시		5교시	
		2교시		6교시	
		3교시		7교시	
		4교시		방과후	
행정 업무	-교내 체육대회 1~3학년 70m 전체 달리기 순위 표시 -장내 정리 지도 -교무회의: • 에듀넷 가입권유(교무부), 복장 단정, 폭력학생 지도(학생생활부) • 알툴바 동영상 다운로드(수석부장), 수업공개 담임 장학, 미술연구수업(교수연구부)					
학급 전달 사항 (조·종례)	-복도 생활 질서 지도					
소견 및 개선점	지난 주 금요일 접수면접 상담일지에 대한 피드백을 하였다. 현재의 고민이나 상담에 표시를 많이 한 내담자는 문제를 밖으로 드러내는 성향이 있으며, 오히려 표시한 문항 수가 적고 괜찮다고 하는 내담자는 문제를 축소하려는 경향이 있음을 확인하였다. 갈등이 가족 내에 있는 것은 당연하며, 싸움 속에서 크는 것임을 내담자에게 얘기해 내적 자기강화가 필요할 것이다. 짜증과 전염성은 강하다. 상담자는 "나는 항상 너에게 관심이 있다."는 말을 수시로 강조하여 내담자의 자존감을 올리고 개방할 수 있도록 해야 할 것이다. 상담 1회기가 끝날 무렵 내담자 스스로 자각하도록 기분이 어떤지 물어서 소감을 꼭 듣고, 다음 회기를 위한 행동 지침을 얘기해 주어야 함을 알았다.					
지도교사 조언	학생들과 함께하는 학교행사를 통해서 활발하게 참여하는 학생들에게는 지지해 주고, 우두커니 있는 학생들은 눈여겨 보면서 관심을 기울이는 것이 필요합니다.		지도 교사		○○○ (인)	

[서식 10]

접수 면접지

본 질문지는 효과적인 상담서비스를 제공하는 데 필요한 기초정보를 수집하기 위해 만들었습니다. 다음의 질문에 대해 가능한 범위 내에서 솔직하게 답해 주시기 바랍니다. 여기에 답하신 내용에 대한 사적인 정보는 철저히 보호하고 있습니다.

성 명	헝○○	일 자	5월 24일 (금)
성 별	여	학 번	308○○
건강상태	매우 건강하다( ) 건강한 편이다(✔) 자주 아픈 편이다( ) 늘 아프다 ( )		
원하는 심리검사	성격검사(✔) 진로검사(✔) 지능검사(✔) 학습검사(✔) 창의력검사( ) 정신건강검사(✔) 기타( )		

＊다음 중 현재 고민하고 있거나 상담받기를 원하는 부분에 '모두' ✔ 표시해 주십시오.

성격문제	자신의 성격에 대한 불만과 회의(✔) 성격문제로 인한 타인과의 마찰(✔)
정서문제	자신감 저하 (✔) 우울, 의욕상실 (✔) 불안, 긴장(✔) 두려움,공포 (✔) 분노, 짜증(✔) 외로움, 소외감 (✔) 기타 ( )
가족문제	부모와의 갈등( ) 형제와의 갈등( ) 부부갈등( ) 기타( )
진로 · 학습 문제	성적문제(✔) 진로선택( ) 적성문제( ) 시험불안(✔) 학습방법(✔) 진학문제(✔) 집중력 저하(✔)
교우관계	친구와의 관계(✔) 선후배와의 관계( ) 기타( )
이성 · 성 문제	이성과의 관계( ) 성문제( ) 임신( ) 기타( )
실존문제	삶에 대한 회의(✔) 가치관 혼란(✔) 종교( ) 죽음(✔) 기타( )
행동 · 습관 문제	주의집중 곤란(✔) 불면( ) 강박적 행동( ) 우유부단(✔) 공격적 행동( ) 음주문제( ) 흡연문제( ) 기타( )
외모문제	체중증가( ) 체중감소( ) 외모 및 자아상(✔) 기타( )
현실문제	생활비( ) 주거환경( ) 기타( )

＊다음 질문에 자신이 느끼는 정도에 따라 ✔ 표시해 주십시오.

1. 현재 자신의 문제의 심각도

심각하지 않다 ←				→ 매우 심각하다
①	②	③	④	⑤ ✔

2. 상담을 통해 문제를 해결하고 싶은 정도

매우 해결하고 싶다 ←				→ 전혀 해결하고 싶지 않다
①	② ✔	③	④	⑤

3. 가족 전체의 화목 정도

매우 화목하다 ←				→ 매우 불화가 심하다
①	② ✔	③	④	⑤

4. 가정의 경제수준

매우 나쁘다 ←				→ 매우 좋다
①	②	③	④	⑤ ✔

앞의 내용을 종합해서 가장 해결하고 싶은 문제를 적어 주십시오.

교우관계(친구)와 내 성격을 고치고 친구들에게 쉽게 다가가는 방법을 터득하고 싶다.

-상담내용
▶ 정서행동특성검사를 통해 자살과 관련된 문항이 선택되어서 2차 검사를 위해 의뢰되었다.
▶ 고민되거나 해결하고 싶은 문제들은 성격, 자신감 저하, 분노·짜증, 외로움·소외감, 성적, 진로, 학습방법, 적성, 친구와의 관계, 종교, 체중 증가, 형제와의 갈등이라고 표시하였다.
▶ SSI(자살관련 척도)는 총점 38점에 16점으로 '위험' '조금 위험' '매우 위험' 중 '조금 위험' 군에 속한다.
▶ SDS(우울관련 척도)는 총점 80점에 55점으로 조금 높은 점수가 나왔다.
-상담이유: 학습전략검사 결과를 보면 우울, 불안, 짜증이 높게 나와서 상담에 의뢰되었다. 친구 관계나 성격 등의 문제에서 벗어나는 방법과 고쳐야 할 점, 친구에게 쉽게 다가가는 법을 알고 싶어 한다. 친구와 멀어진 이유는 자신의 성격문제로 인해 친한 친구를 막 대하여 친구가 떨어져 나간 것으로, 이후 인터넷상의 비방 댓글을 보면 자신에게 하는 말인 듯한 피해의식이 들어 예민해졌다. 친구와 함께 급식을 먹고 싶다. 매년 단짝친구가 있었으나 항상 학년 끝부분에는 싸웠다고 한다. 현재 반 친구 5명과 어울리는데 1명은 다같이 노는 성격이고, 2명은 그들끼리 서로 단짝이며, 2명은 어중간한 사이로 자신도 단짝을 갖고 싶다고 생각한다.
-가정 분위기: 아버지와의 관계는 원만하고, 어머니나 남동생과도 대체로 원만하다. 하지만 어머니와 남동생의 지적하고 가르치는 부분은 맞지 않는 것은 아니지만 듣기 싫은 편이다. 아버지는 건설 일에 종사하시는데, 서울에서도 매일 전화로 안부를 물으며 걱정해 주시고 2~3주에 한 번씩 집에 오신다. 안부는 "무슨 일 없었니?" "밥 뭐 먹었니?" 등으로 물으신다. 7월쯤 전학 가능성이 있으나 남동생이 현재 초등학교에서 원만한 친구관계를 유지하고 있고 영재센터를 다니며, 공부도 잘해서 왠지 자신 때문에 전학가야 하는 것 같아 미안해하고 있다. 남동생은 마치 오빠같고 똑똑해서 아는 것이 많아 자신을 가르치는 느낌이다. 어머니는 도시락을 매일 싸 주시고 친구 관계에도 신경을 많이 쓰고 계신다. 어머니께서 지적하시는 문제("너는 성격이 예민하고 소심해서 자살할 만한 용기도 없다." "너는 가질 것 다 가졌는데 다른 애들처럼 공부를 못 따라간다.")를 들으면 기분이 나쁜 한편으로 맞는 말이라 할 말이 없다. 예전에는 눈물도 많고 짜증도 많아 가슴이 답답했으나, 현재는 친구에게 지는 느낌이 자주 들긴 하지만 어머니께서 울지 말라고 하셔서 눈물은 잘 안 흘린다.
-아버지에 대한 불만: 어떤 관심을 가질 때 성적이나 친구 관계에도 관심을 갖고 그에 대한 해결 방법을 알려 주셨으면 좋겠다.
-어머니에 대한 불만: 어머니께서 항상 모든 것을 해결해 주셔서 자신은 마마걸 같다. 오히려 그냥 지켜봐 주셨으면 하는 바람이고, 스스로 이겨나갈 수 있도록 상관하지 않아 주셨으면 좋겠다.
-자신에 대한 불만: 친구문제를 스스로 해결하기가 불안하고, 말주변이 부족해 친구에게 따질 때 울어 버린다. 그래서 친구가 자신을 만만히 보는 듯하다. 또 입도 가벼워 자꾸 친구들에게 말을 전달하는 것도 불만이다.
-학교생활에서 단짝친구와 모든 것을 함께하고 싶어 하나 주변에 그러한 친구가 없다. 스스로 강해져야 함을 알고 있으나 자신이 없어서 마음을 편안히 가질 수 없는 상태로, 정서적으로 안정될 수 있는 환경이 시급하다.

작성하신 내용은 여러분을 이해하기 위한 자료로만 사용되며, 모든 정보는 비밀이 유지됩니다. 감사합니다.

[서식 11]

상담 일지

학 생 명		조○○	학 번 / 성 별		208○○ / 남
연락처	학생	010-9999-○○○○	상담일 / 교시		5월 24일 / 1교시
	학부모	010-9999-○○○○	상담 장소		Wee클래스
대분류	중분류	소분류	대분류	중분류	소분류
상담 유형	개인 상담	학업 (✔)	상담 유형	개인 상담	약물중독(게임/채팅 등) ( )
		진로 (✔)			기타 ( )
		성격 (✔)		집단 상담	학업 ( )
		교우 (✔)			진로 ( )
		이성 ( )			학교폭력 ( )
		가족관계 (✔)			성격/대인관계 ( )
		교사에 대한 반항/불손 ( )			기타 ( )
		가출 ( )		학부모 상담	학생관련 상담 ( )
		자살충동 ( )			교사관련 상담 ( )
		학교폭력 ( )			학습 ( )
					기타 ( )

상담 내용	• 가족 관계: 아버지는 군인이시고 어머니는 초등학교 교사이심. 아버지는 화내실 때 무섭고, 화가 나면 엉덩이를 때리심. 아버지께서 화나셨을 때는 마치 다른 사람인 것 같음. 어머니는 따뜻하게 위로해 주시고 격려해 주시는 편이지만 두 분 다 자신이 공부를 안 할 때는 심하게 화를 내심. 아버지, 누나와 갈등 관계이며 어머니와는 그나마 친밀한 관계임. 누나는 말없이 물건을 가져가서 짜증나게 함. 누나와의 갈등은 중학교 1학년 때부터 시작되었으며, 누나는 무뚝뚝한 성격이고 성적은 보통 정도임.
	• 학업 · 진로 문제: 학업은 전반적으로 모든 과목을 다 못하지만 수학을 특히나 못함. 국어나 영어는 어떠냐는 질문에는 국어, 영어는 좋다고 대답함. 시험 기간에는 불안감이 높고 집중력도 저하되어 공부에 집중하기가 힘들다고 함. 고등학교 진학은 집에서 가까운 ○○공업고등학교를 가고 싶다고 함. 이유는 자신이 공부를 못하기 때문이라고 함.
	• 성격 · 교우관계 문제: ○○(이)는 자신의 성격에 불만이 있는 상태인데, 긴장감이 높고 회의감을 많이 느끼는 자신의 성격이 마음에 들지 않는다고 함. 그러나 잘하는 것을 물어봤을 때는 운동을 잘하며, 특히 축구와 헬스를 주로 한다고 했고, 주말에는 교회 친구들과 어울려 축구를 한다고 대답한 것으로 보아 주변에 친구가 없거나 수적으로 친구가 부족한 것 같지는 않음. 그밖에 저녁식사 시간의 모습을 물어봤더니 자신은 주로 TV를 보고, 아버지도 말 없이 TV만 보신다고 대답함. 잘 웃거나 자상한 성격의 여자친구가 좋다고 함.

상담 요약	현재 부모님 및 누나와의 갈등이 심한 것으로 보이며, 부모님이 특히나 성적과 관련된 부담을 많이 주시는 것으로 보임. 전반적으로 내담자는 자신감이 매우 낮고 효능감도 부족한 것으로 보임.		
지도교사 조언	아버지께서 화내실 때의 상황을 좀 더 자세히 물어볼 필요가 있을 것 같아요. 어떤 부분에 대해서 화를 내시는지, 전반적인 아버지의 기분에 따라 화를 내시는 건지 아니면 내담자가 구체적으로 잘못된 행동을 했을 때 화를 내시는 건지 확인해 봐야 할 것 같네요. 그리고 아버지의 좋은 점과 나쁜 점에 대해서도 물어봐서 내담자가 아버지를 전체적으로 이해할 수 있도록 도우면 좋을 것 같아요. 내담자가 효능감 및 자신감이 낮은 것으로 보아 성공 경험이 낮을 가능성이 있으므로 다음번 상담에는 내담자가 잘하는 부분 또는 할 수 있는 부분에 대해서 격려와 칭찬, 지지를 해 주는 것이 좋을 것 같아요.	지도 교사	○○○ (인)

〈1회기 접수면접 상담 – 축어록〉

1. 내담자 인적사항
−이름 : 형○○   −나이 : 16세(중학교 3학년)   −성별 : 여자

2. 상담장소
−○○중학교 Wee클래스 개인상담실

3. 의뢰경로
−4월에 실시한 학습전략검사에서 우울, 불안, 짜증이 높게 나와 상담에 의뢰되었고, 학생 자신도 상담을 원하여 개인상담을 접수·실시하게 되었다.

4. 주 호소문제
−친구관계 호전 및 친구와의 마찰을 피할 수 있도록 성격 변화를 원하고, 친구에게 쉽게 다가가는 법을 알고 싶어 함.
−어머니의 잔소리로 인한 심리적 두려움과 불안을 벗어나 스스로 의사결정을 할 수 있길 바람.

5. 가족관계
−아버지와의 관계는 원만하고, 어머니나 남동생과도 대체로 원만하다. 하지만 어머니와 남동생의 지적하고 가르치는 부분은 맞지 않는 것은 아니지만 듣기 싫은 편이다. 아버지는 건설 일에 종사하시는데, 서울에서도 매일 전화로 안부를 물으며 걱정해 주시고 2~3주에 한 번씩 집에 오신다. 안부는 "무슨 일 없었니?" "밥 뭐 먹었니?" 등으로 물으신다. 할아버지는 병중이시며, 할아버지께서 입원하신 병원 근처로 이사할 예정이다. 7월쯤 전학 가능성이 있으나 남동생이 현재 초등학교에서 원만한 친구관계를 유지하고 있고 영재센터를 다니며, 공부도 잘해서 왠지 자신 때문에 전학가야 하는 것 같아 미안해하고 있다. 남동생은 마치 오빠 같고 똑똑해서 아는 것이 많아 자신을 가르치는 느낌이다.
−어머니는 도시락을 매일 싸 주시고 친구관계에도 신경을 많이 쓰고 계신다. 어머니께서 지적하시는 문제 ("너는 성격이 예민하고 소심해서 자살할 만한 용기도 없다." "너는 가질 것 다 가졌는데 다른 애들처럼 공부를 못 따라 간다.") 를 들으면 기분이 나쁜 한편으로 맞는 말이라 할 말이 없다. 예전에는 눈물도 많고 짜증도 많아 가슴이 답답했으나, 현재는 친구에게 지는 느낌이 자주 들지만 어머니께서 울지 말라고 하셔서 눈물은 잘 안 흘린다. 잘 안 우니까 가슴도 덜 답답한 것 같다. 친할머니, 외할머니도 매일 전화하셔서 걱정해 주신다.
−부모님은 보통 가족과 똑같다. 어머니는 집안일을 하시고, 아버지는 말로 장난을 치시는데 불편하고 짜증 나는 것을 주로 말로 하는 편이시다. 외식은 주로 고기를 먹고, 날씨가 좋은 날은 볼링장에도 간다.
−아버지에 대한 불만: 어떤 관심을 가질 때 성적이나 친구 관계에도 관심을 갖고 그에 대한 방법을 알려 주셨으면 좋겠다.
−어머니에 대한 불만: 어머니께서 항상 모든 것을 해결해 주셔서 자신은 마마걸 같다. 오히려 그냥 지켜봐 주셨으면 하는 바람이고, 스스로 이겨나갈 수 있도록 상관하지 않아 주셨으면 좋겠다.

─자신에 대한 불만: 친구문제를 스스로 해결하기가 불안하고, 말주변이 부족해 친구에게 따질 때 울어 버려서 친구가 자신을 만만히 보는 듯하다. 또 입도 가벼워 자꾸 친구들에게 말을 전달하는 것도 불만이다.

6. 상담자가 본 내담자의 이해

─내담자는 집착적 성격으로, 친구들과의 교제가 원만치 못하고 단짝친구를 간절히 원하고 있다. 학교생활에서 단짝친구와 모든 것을 함께하고 싶어 하나 주변에 그럴 만한 친구가 없다. 어머니와 남동생의 완벽주의적인 성격에 맞추기는 힘들지만, 한편으로는 도움과 지지도 많이 받고 있어 벗어나기가 힘들다. 아버지와 성격이 잘 맞으나 현재 자신의 어려움인 친구ㆍ성격 문제에서 도움을 받을 수 없어 불안해한다. 스스로 강해져야 함을 알고 있으나 자신이 없어서 마음을 편안히 가질 수 있는 환경이 시급하다.

7. 상담목표, 전략, 접근방식

─현재 내담자는 점심 때 Wee클래스에 와서 도시락을 먹는 상황이지만, 자신이 간단한 삼각김밥을 사 올 때도 있어 어머니의 지원은 다소 불규칙하지 않을까 싶다. 또한 시간이 지날수록 반 친구들과 어울리기 힘든 요소가 될 것 같다.

─학교생활에의 적응이 먼저 선행되어야 한다. 따라서 개인상담을 통해 이를 권유하고, 반 친구들과 점심을 함께할 수 있는 기회를 마련해 준다.

─어머니의 강한 성격으로 인한 위축감을 느끼며, 공부를 잘하는 남동생과 비교되어 자신감을 찾지 못하고 있으므로 성격적으로 더 잘 맞는 아버지의 지원을 이끌어 가족의 소통이 되도록 돕는다.

─자기이해와 타인이해가 가능한 친구 관계증진 집단상담 프로그램에 참여시킨다.

8. 축어록 (5월 24일 1교시: 1회기 접수 면접 상담)

상: 선생님이 너와의 상담을 좀 더 정확히 알기 위해 녹음을 해도 되겠니? 물론 상담한 내용은 모두 비밀유지가 되고, 생명에 위협이 되는 것은 알릴 의무가 있단다. 이해하겠니?

내: 네. ('종결 이유' 란을 보며) 이건 어떻게 적어요?

상: 상담을 몇 번, 언제부터 했니? 1학기 몇 월부터?

내: 1학기 4월부터 지금까지 계속하고 있어요.

상: 매일하는 거니? 그건 아니고? 아니면 일주일에 몇 번씩? 그럼 아직까지 진행 중이구나.

내: 현재까지 일주일에 몇 번씩 진행 중이에요.

상: 그럼 진행 중인거네?

내: 네.

상: 그럼 진행 중이라고 적으면 돼요.

내: 심리검사 이건 하나만 표시하는 거예요?

상: 원하는 심리검사에 다 표시하면 돼.

내: 학력은? …… 잘 모르겠어요.

상: 한 번도 들어본 적이 없니? (중략)

[서식 12]

실습 중간 평가서

실습 기간	5월 1일~5월 30일 (4주간)	실습지도교사	박○○
실습평가일	5월 24일	실습지도교수	○○○

1. 실습 목표와 관련된 실습 내용 및 역할에 대한 평가

1) 실습내용 및 역할의 요약
- 접수면접지 및 상담신청서 작성 방법
- 심리검사 실시 및 해석
- 집단상담 관찰 보고서 및 리더경험 보고서 작성
- 개인상담 실시 및 보고서 작성

2) 평가
교생실습에서의 역할이 다소 생소하여 무엇부터 해야 할지 난감했는데 실습담당 선생님의 지도·조언을 들으며 차근히 준비하고, 매뉴얼을 보면서 실습록을 작성한 후 보완·수정 작성함으로써 더 많은 것을 배울 수 있었던 것에 감사함을 느낀다.

3) 앞으로의 계획
상담실 홍보에 적극적으로 힘쓰고, 학생들과의 상담에서 반영적 경청에 힘쓰며, 내담자에게 적용하기 적합한 프로그램을 논문에서 찾아볼 것이다. 또한 보고서 작성을 실습담당 지도 선생님의 지도와 조언대로 좀 더 체계적으로 작성해 볼 계획을 가진다.

2. 실습에 임한 자세 및 노력
학생과 눈높이를 맞춰서 공감대를 형성하기 위해 항상 귀 기울이며, 전문성을 갖추기 위해 노력을 게을리하지 말아야겠다.

3. 실습을 통해 배운 점
학생들과 상담 전 접수면접을 실시하고, 상담신청서를 받고, 심리검사를 실시하는 등의 활동을 통해 사전면접의 중요성을 다시 한 번 느끼는 계기가 되었다. 또한 그로 인해 학생들과의 상담이 더 체계적이고 구조화되어 상담 진행이 더 수월해 짐을 느꼈다.

4. 앞으로 더 필요한 지식과 기술
전문적인 심리검사 해석 방법을 익히고, 내담자에게 맞는 심리검사 선택과 관련해서도 관련된 논문이나 사례를 많이 찾아보며, 적절히 채택할 수 있도록 공부해야겠다.

5. 실습에서 어려웠던 점 및 실습 지도교사에게 건의할 점

    무엇부터 해야 할지 몰라 난감했는데 전문상담사와 함께 자리 배치가 된 후부터 역할 분담 및 집단상담 참관을 통해 익히고 배울 수 있어서 좋았습니다. 실습지도 선생님께서는 실습할 수 있는 기회를 더 많이 주시면 감사하겠습니다. 열심히 배우고 익히도록 노력하겠습니다.

[서식 13]

집단상담 관찰 평가 및 소감

1. 기본사항

집단 주제	'친구의 의미' – 또래집단상담	집단 리더	김○○
집단 일시	2014년 5월 15일	소요 시간	2회기 90분
집단 목적	학습□ 진로□ 교우관계■ 자기이해□ 기타_____		
집단원 수	15명(남 9명, 여 9명)	장소	Wee클래스

2. 집단 리더의 역할 및 프로그램 평가 체크리스트

구분		구분	1	2	3	4	5
리더 역할	기술	집단원들의 반응에 적절하게 대처하였는가?				✔	
		집단상담의 기술을 적절하게 사용했는가? (명료화, 반영, 공감하기 등)				✔	
	진행	리더의 피드백이 적절했는가?				✔	
		시간은 적절하게 분배되었는가?					✔
		집단 과정에 따라 자연스럽게 진행했는가?				✔	
		프로그램에 대해 집단원들에게 정확하게 설명하였는가?					✔
		집단원들의 상호작용을 촉진시켰는가?				✔	
		집단원들이 골고루 참여하도록 기회를 주었는가?				✔	
		집단의 목표에 맞게 성공적으로 진행되었는가?				✔	
프로그램		집단상담의 발달단계에 맞게 구성된 프로그램인가?					✔
		회기의 목표가 구체적으로 잘 진술되었는가?					✔
		활동 내용과 활동지가 프로그램의 목적과 부합하는가?					✔
		프로그램의 분량이 한 회기용으로 적절한가?					✔
		프로그램 내용이 집단원들의 특성에 맞게 만들어졌는가?					✔

1: 전혀 아니다.   2: 아니다.   3: 보통이다.   4: 그렇다.   5: 매우 그렇다.

3. 집단상담 관찰 소감 및 지도교사 조언

집단상담 관찰 소감	• 구성: 중학교에 재학 중인 남녀 학생으로 구성된 또래상담자 18명이 5개 조로 나뉘어 집단에 참여하였다. 1회기는 친구관계의 폭과 범위에 '끈끈이'와 같은 별칭을 붙여서 여러 단계로 나누어, 가장 가까운 친구, 적당히 가까운 친구, 조금 가까운 친구, 이름만 아는 정도의 친구를 구별하게 함으로써 자신의 친구관계가 얼마나 이루어지는지 확인해 보게 하였다. 그리고 2회기는 우정곡선을 그려 자신의 친구관계의 친밀도를 상·중·하로 나누어 보게 하였다. • 내용: '뒷담화하는 친구보다 진실성이 있는 친구가 좋다.' '앞으로 좋은 친구를 만났으면 좋겠다.' 자신의 친구 범위를 확인하고 우정곡선 그래프를 그려 과거, 현재, 미래의 친구관계를 살펴보았다. 내용을 설명함에 있어서 리더는 차분하기는 하였으나 다소 지루했다. 조금 더 집단원 간 상호작용이 활발한 집단이면 좋겠다 싶었다. • 전개: 친구의 의미를 생각할 수 있는 활동지로 질문과 답을 하고, 조별로 각 1명씩 발표한 후, 집단 리더의 피드백과 다른 집단원들의 상호작용을 이끌어 내고자 하였다. 참여를 다 할 수 있도록 하는 것이 중요할 듯하다. 시청각 자료와 음악이 있어서 이해가 용이했고, 편안함을 주었으며, 자신의 친구관계를 돌아볼 수 있는 의미 있는 시간을 가질 수 있었다.		
지도교사 조언	중학교 학생들은 집중 시간이 짧다. 따라서 리더가 작은 목소리로 얘기하거나 말을 너무 많이 하면 학생들의 집중력이 약해진다. 그러므로 집단상담에서 리더의 역할은 집단원의 상호작용을 활발하게 하는 것이다. 자신있는 자세로 집단 목표에 맞는 활동이 이루어지게 해야 하며, 집단원 각각에게 맞는 피드백을 하여 집중할 수 있도록 유도하는 것이 중요하다.	지도교사	○○○ (인)

[서식 14]

심리검사 보고서

내담자 인적사항	성 명	손○○	성 별	여
	학 번	304○○	생년월일	1998년 ○월 ○일
검사일시	2014년 5월 21일		검사장소	Wee클래스
의 뢰 인	내담자■ 담임교사□ 교과교사□ 학부모□ 기타( )			
호소문제	성격□ 가족□ 진로·학습□ 교우관계□ 이성·성□ 행동·습관□ 기타( )			
검사종류	MMTIC			
검사결과	ISFP형			

결과해석	I(내향성) 에너지가 안으로 향할 때 힘을 얻으며, 적은 수의 친구를 깊이 사귄다. 조용하고, 나서는 것이 싫고, 혼자 조용히 생각에 잠길 때가 많다. 침착한 편이며 말보다 글로 쓰는 것이 좋다. 확실하게 알기 전까지 행동하지 않으며, 누가 물어보아야만 답한다. S(감각형) 보고, 듣고, 맛보고, 만져 보면서 이해한다. 직접 눈으로 보는 것처럼 자세하게 설명해 주면 이해가 잘 되며, 사람들의 생김새나 특징이 눈에 잘 띤다. 직접 만지고 실제로 해 보는 것이 좋으며, 꼼꼼하게 일을 해 낼 수 있다. 숲보다 나무를 보기 때문에 구체적인 사실 하나하나를 자세하게 기억한다. 새로 만드는 것보다 이미 있는 것을 조금만 바꾸는 것이 좋으며, 한번 시작한 일은 끝을 보는 편이고, 다른 사람들이 하는 대로 따라 하는 것이 편하다. 현재를 제대로 사는 것이 미래의 꿈보다 더 중요하다. F(감정형) 어떤 일을 결정할 때 다른 사람들과의 관계를 먼저 생각하며 판단한다. 주위 사람들에게 자신이 주는 영향을 살핀다. 감정이 풍부하고 인정이 많은 편으로 꾸중을 들으면 눈물부터 나온다. 다른 사람이 자신에 대해 어떻게 생각하는지 신경을 쓰고, "좋다" 혹은 "나쁘다."라는 말을 쓰며, 상황에 따라 규칙과 원칙은 바뀔 수 있다고 본다. 친구의 우정과 마음에 호소 감정을 움직이고, 양보를 잘하며 서로 도와가면서 일한다. P(인식형) 때에 따라 계획을 자주 바꾸고, 마감 날까지 일을 못 마치는 편이다. 할 일을 질문 받으면 그때부터 생각하며, 계획을 세워 일하는 것이 내키지 않는 편이다. 복장이 지저분해도 별로 신경쓰지 않고, 계획에 없던 일이 생기면 기대가 된다. 마지막에 몰아서 처리하며, 주장을 내세우거나 고집을 부리지 않는 편이다. 자신의 마음에 따라 행동하는 것이 더 좋다.		
지도교사 조언	ISFP형은 현실적이며 무계획적이다. 주위에 휩쓸려서 따라갈 수 있으니 중간중간 "맞는 것이 뭐니?" 혹은 "틀린 것이 뭐니?" 하고 하나하나 점검하는 질문을 하면서 얘기하라. 멘토를 잘해 주면 모범적인 학생이 된다. 검사 해석 시 친구관계, 사제관계, 공부습관을 중심으로 얘기하라.	지도 교사	○○○ (인)

[서식 15]

개인상담 실습 평가 및 소감

1. 기본사항

이름			이○○	학번 / 성별			305○○ / 남
상담 일시			5월 28일 방과 후 시간	상담 장소			Wee클래스 상담실
대분류	중분류	소분류		대분류	중분류	소분류	
상담 유형	개인 상담	학업 ( )		상담 유형	개인 상담	약물중독(게임/채팅 등) ( )	
		진로 ( )				기타 ( )	
		성격 (✔)			집단 상담	학업 ( )	
		교우 (✔)				진로 ( )	
		이성 ( )				학교폭력 ( )	
		가족관계 ( )				성격/대인관계 ( )	
		교사에 대한 반항/불손 (✔)				기타 ( )	
		가출 ( )			학부모 상담	학생관련 상담 ( )	
		자살충동 ( )				교사관련 상담 ( )	
		학교폭력 ( )				학습 ( )	
						기타 ( )	

2. 개인상담 평가 체크리스트

구 분	내 용	1	2	3	4	5
라포 형성	내담자와 라포 형성은 잘 이루어졌는가?					✔
내담자	내담자는 상담에 대한 동기를 가지고 있는가?				✔	
	내담자는 자기개방과 자기탐색의 능력을 가지고 있는가?			✔		
	내담자는 상담 결과에 만족하는가?				✔	
상담자	내담자를 파악하는 데 필요한 질문이 이루어졌는가?					✔
	내담자에 대한 정확한 이해가 이루어졌는가?				✔	
	상담 목표가 명료하게 설정되었는가?					✔
	상담 목표를 달성하기 위해 적절한 접근이 이루어졌는가?					✔
	상담 과정에서 명료화, 반영, 공감이 제대로 이루어졌는가?					✔

3. 개인상담 소감 및 지도교사 조언

개인상담 소감	주 2회 내담자 분노조절 및 역할극을 실시하여 또래 상호작용 증진을 목표로 개인상담을 진행했다. 학부모상담을 재차 권유하였지만 부모님께서 바쁘시다는 이유로 결국 거절하셨는데, 이것이 아동의 상담 효과 지속의 어려움으로 이어질까 우려되어 계속 연결의 노력이 필요하겠다.		
지도교사 조언	어려운 학생을 맡아 지도하시느라 수고하셨습니다.	지도교사	○○○ (인)

[서식 16]

집단상담 리더 경험 평가 및 소감

1. 기본사항

집단 주제	친구관계 증진	집단리더	○○○
집단 일시	2013년 5월 24일, 5월 29일, 5월 31일	소요시간	3~6회기 180분
집단 목적	학습□ 진로□ 교우관계■ 자기이해□ 기타_____		
집단원수	8명(남 4명, 여 4명)	장 소	Wee클래스

2. 집단 리더의 역할 및 프로그램 평가 체크리스트

구 분		내용	1	2	3	4	5
리더 역할	상담 기술	집단원들의 반응에 적절하게 대처하였는가?				✔	
		집단상담의 기술을 적절하게 사용했는가? (명료화, 반영, 공감하기 등)					✔
		리더로서의 태도가 적절했는가? (표정, 자세, 어투, 진실성 등)					✔
	진행	시간은 적절하게 분배되었는가?				✔	
		집단원들에게 프로그램에 대한 설명을 정확하게 전달했는가?					✔
		집단 과정에 따라 자연스럽게 진행했는가?					✔
		집단원들의 상호작용을 촉진시켰는가?				✔	
		집단원들이 골고루 참여할 수 있도록 기회를 나누어 주었는가?					✔
		집단의 진행을 방해하는 집단원에 대한 대처는 적절했는가?					✔
		집단의 목표에 맞게 성공적으로 진행되었는가?				✔	
프로그램		회기의 목표 진술이 구체적이고 분명한가?				✔	
		집단상담의 발달단계에 맞게 구성된 프로그램인가?				✔	
		활동 내용과 활동지가 프로그램의 목적과 부합하는가?				✔	
		프로그램의 분량이 한 회기용으로 적절한가?					✔
		프로그램 내용이 집단원들의 특성에 맞게 만들어졌는가?					✔

1: 전혀 아니다. 2: 아니다. 3: 보통이다. 4: 그렇다. 5: 매우 그렇다.

3. 집단 리더 경험 소감 및 지도교사 조언

| 집단 리더 경험 소감 | • 구성: 3회기는 '내가 싫어하는 친구는?'이라는 주제로, 친구를 싫어하는 이유와 언제 싫어졌는지 활동지에 적어 보고, 그 친구를 보면 구체적으로 어떤 느낌이 드는지 표현해 보며, 그 친구가 이랬으면 좋겠다 하고 바라는 점과 자신은 그 친구에게 어떤 친구일지에 대해 생각해 보게 하였다. 서로 피드백하며 도움을 주고자 하는 모습이 보기 좋았고, 학생들 역시 자신의 속마음을 개방하는 것에 큰 어려움이 없었다. 4회기는 '내가 흔히 하는 거짓말 고백 쪽지'를 제목으로 활동지를 준비하였는데, 학생들이 무거운 거짓말만 생각할 듯하여 사소한 거짓말에 대한 |

집단 리더 경험 소감	예시(안 괜찮은데 "괜찮아."라고 말하는 것)를 참고할 수 있게 칠판에 적었다. 투표로 어떤 거짓말이 가장 많은지 보니 어머니께서 청소를 시키면 나중에 하겠다고 하는 거짓말이 1위였다. '고백 쪽지'를 통해 숨기거나 생각한 것을 솔직하게 털어놓은 후 느낌 나누기를 하였다. 5회기는 '성벽 뚫기 게임'으로, 활동지 없이 신체활동만 하였다. 가위바위보로 한 명의 술래를 정해서 그 친구는 벽을 뚫게 하고 나머지 친구들은 성벽이 뚫리지 않게 방어를 하면 되는데, 정말 힘이 많이 들고 조금만 방심하면 뚫고 들어올 수 있어 학생들은 온 힘을 쏟아 성벽을 지켰다. 6회기는 관심을 기본으로 장단점 알기를 통해 자기 이해를 증진하고, 서로 칭찬세례를 해 줌으로써 긍정적 자아상을 확립하며, 자존감을 향상시키는 활동이었다. 각자 예쁜 색지를 골라 종이비행기를 접고, 그곳에 별칭의 주인에 대한 장점과 단점을 적어 날려 보았다. 날아가는 종이비행기가 예뻤고, 학생들은 자신과 다른 사람들에 대해 좀 더 알 수 있었다. 또한 자신의 단점을 오히려 장점으로 보는 친구의 피드백을 듣고 자신감을 갖고 친근함을 느꼈다. • 내용: 3회기는 버리고 싶은 마음(질투, 증오, 시기, 소심, 욕심, 우울)을 버리고, 갖고 싶은 마음(사랑, 인내, 너그러움, 이해, 현명함)을 사 보는 신기한 문방구 게임을 하면서 활동의 재미를 더하였다. 단순히 글로 사는 것인데도 매우 어려움을 느꼈다. 몇몇 학생들은 좋은 마음을 살 때도 소극적으로 행동하면서 사지 못하였지만, 적극적 피드백을 하니 밝은 얼굴로 쪽지를 건네받았다. 그 마음을 사는 순간 실제로 생각과 행동도 변화하길 바란다. 4회기에는 우리가 쉽게 하는, 진심이 아닌 빈말이나 거짓말을 활동지에 써 보고, 자신이 그렇게 거짓말이나 실수를 했을 때 상대방이 자신에게 뭐라고 해 줬으면 하는지 스스로 듣고 싶은 대답도 한번 적어 보도록 했다. 모든 집단원이 집중하여 진지하게 활동지를 쓰고 나누었다. 그리고 모두가 자신을 돌아볼 수 있는 시간이었음을 고백하였다. '마녀'은 부모님을 도와드리기 위해 자신은 힘들지 않다는 거짓말을 계속하겠다고 하였다. 효심이 참 깊어 그 학생이 참 듬직하고 따뜻하게 느껴졌다. 5회기는 모든 집단원이 경험할 수 있도록 게임을 진행했다. 다리를 다친 '엘'과 매우 소극적인 '길'만 술래를 하지 않고 나머지 6명은 돌아가면서 술래와 성벽 방어를 해 보았다. 힘들어하는 친구가 있어 다른 친구를 한 명 초대하여 두 명이 해 보는 방법도 고려하면서 집단의 참여를 높였고, 친구 사이에서 따돌림을 당할 때의 고통을 느껴 보도록 하였다. 또한 자발적 도움을 주도록 하자 도움을 받은 친구는 든든함을 느낀다고 하였다. 6회기에서는 장단점을 종이비행기에 적는 활동을 했는데, 자신의 별칭을 적은 후 다른 집단원을 향해 날리면 서로 상대방의 종이비행기를 받아서 그 친구의 장단점을 적어 주는 게임이었다. 비행기는 계속 날고 학생들은 집단에서 어울렸던 친구들의 장단점을 열심히 적어 주었다. 이때 아무리 사소한 것이라도 적어 주고, 중요한 점은 종이비행기를 날려 칭찬해 주며, 칭찬 받으면서 힘을 얻어 가는 과정을 통해 좀 더 열린 마음으로 친구관계를 맺도록 피드백하였다. • 전개: 3회기에서는 신기한 문방구를 진행함에 있어 책상을 중앙에 놓아 가게의 생생한 느낌을 주지 못한 것이 아쉽다. 4회기는 흔히 하는 거짓말에 대한 나누기였는데, 리더로서 피드백의 어려움을 느꼈다. 선의의 거짓말에 대한 좀 더 명확한 의미 전달이 필요했다. 5회기에서는 성벽 쌓기를 하기 전 먼저 위험에 대한 경고를 하지 않았다. 충분히 다칠 수 있는 부분이 있었음에도 주의할 점 몇 가지를 알려 주지 않은 것이 아쉽다. 6회기는 종이비행기를 날리면서 재미에 치중한 나머지 장난스럽게 되지 않도록 진행해야겠다는 생각을 하였다. 다른 집단원에 대한 관심을 높일 수 있도록 리더는 상호작용을 촉진해야 할 것이다.

지도 교사 조언	소극적인 학생들의 친구관계 증진과 자기자존감 향상을 위해 리더는 어떻게 도울 것인가를 항상 염두에 두고 집단에 임해야 할 것이다. 회기별 목표에 맞게 집단을 운영하고, 느낌 나누기를 통해 목표 성취를 확인하며, 다음 회기와의 연결성을 가지도록 해야 한다. 소통에 어려움을 느끼는 집단이기에 재미와 활동을 더한 집단 운영이 될 수 있는 리더의 역량이 필요하다.	지도 교사	○○○ (인)

[서식 17]

심리검사 실습 평가 및 소감

1. 기본사항

내담자 인적사항	성명	이○○	성별	남
	학번	208○○	생년월일	1999년 ○월 ○일
의뢰자	내담자■ 담임교사□ 교과교사□ 학부모□ 기타( )			
호소문제	성격■ 가족□ 진로 · 학습□ 교우관계□ 이성 · 성□ 행동 · 습관□ 기타( )			
검사종류	SSI-Beck(자살), SDS(우울)			

2. 심리검사 실시 체크리스트

구 분	내 용	1	2	3	4	5
환경 및 실시 과정	내담자와 라포 형성은 잘 이루어졌는가?					✔
	검사를 받을 수 있는 정돈된 환경이었나?				✔	
	필요한 심리검사 도구들을 갖추었나?					✔
	심리검사 도구들을 쉽고 안전하게 조작할 수 있었나?				✔	
	검사 과정이 적절하게 짜였나?				✔	
내담자	검사를 할 수 있게 내담자가 준비되어 있었나?					✔
	내담자가 흥미를 보였나?					✔
	상담자의 질문에 정직하고 확실하게 응답했나?					✔
상담자	적절한 옷차림이었나?					✔
	적당한 목소리로 말했나?					✔
	내담자에게 충분한 격려와 지지를 주었나?					✔
	내담자의 감정을 수용하고 개방적이었나?					✔
	내담자와 종종 눈 맞춤을 했나?					✔
	내담자에게 알맞은 단어를 사용했나?				✔	
	검사 결과에 대한 충분한 해석과 설명을 하였나?					✔

1: 전혀 아니다. 2: 아니다. 3: 보통이다. 4: 그렇다. 5: 매우 그렇다.

3. 심리검사 경험 소감 및 지도교사 조언

심리검사 실시 소감	처음 해 보는 SSI-Beck(자살) 및 SDS(우울) 심리검사는 자살 위험군 학생의 상담에 매우 유용한 검사지였다. 검사결과 점수는 자살 생각과 우울 성향이 일치하며, 문항에 대한 질문으로 내담자의 심리 파악에 많은 도움이 되었다.		
지도교사 조언	자살 생각이나 시도를 한 학생을 파악하기 위해 필요한 검사지이며, 학생이 솔직하게 응답할 수 있도록 검사 전 충분한 설명과 안내가 필요합니다.	지도교사	○○○ (인)

[서식 18]

개인상담 종결 보고서

접 수 일: 2013년 5월 30일

실습교사: ○○○

내담자 인적사항	성명	이○○	성별	남		
	학번	302○○	생년월일	2004년 7월 4일		

가족사항	관계	성명	직업	연령	동거 여부
	부	이○○	자영업	42	○
	모	권○○	영어강사	48	○

내담자의 주요 문제	첫 면담 시 호소문제	친구관계에서 잦은 다툼이 있고, 소리를 크게 질러 또래들이 함께하기를 꺼려 함. 비위생적 복장과 두발, 태도로도 꺼림.
	계속되는 호소문제	방과 후 시간에 돌봄 교실에 대중없이 들락거림. 규칙에 잘 따르지 않음.
	내담자의 자원	부정적 자기표현이 많지만 지도를 하면 수긍하는 편임. 성격이 밝음.

상담자가 파악한 문제	부모의 안정된 양육 결여와 폭력적이고 비난적인 의사소통에 대한 부모 상담이 우선시되어야 하며, 일관된 생활 지도와 수용적인 의사소통이 필요하겠음.
내담자의 특징 (인상, 태도)	-맨발에 머리가 길어 이발할 때가 한참 지나 보였고, 눈 깜빡임과 입 주위를 씰룩거리는 틱 현상이 있었음. -의자에 발을 올렸다 내렸다 하는 부산함을 보임.
문제의 주요 원인	-부모의 안정된 양육 결여, 폭력적이며 비난적인 의사소통 지속 -낮은 자존감과 다른 사람에 대한 이해 결여
상담 목표	-자신이 좋아하는 놀이를 통한 성취감 경험 -역할극을 통해 부정적 의사소통을 긍정적 의사소통으로 전환
상담 전략	-상담 시간에 내담자가 놀이를 주도할 수 있도록 유도하며, 긍정적으로 수용하여 의사소통의 향상에 초점을 둠.
상담 성과	6회 상담 후 비위생적 복장, 두발, 태도가 현저히 개선되었고, 비난적 의사소통으로 인한 잦은 다툼이 줄어들었음. 상담 시간을 지키지 않으면 상담실에서 함께하지 못한다고 하니 3회 정도부터는 시간을 지키는 모습을 보였음.

[서식 19]

실습 종결 보고서(실습생용)

작성 일시: 2013년 5월 30일

작 성 자: 백○○

상담실습생	성명	백○○	실습 지도교수	○○○
실습 기관	기관명	○○중학교	주소	○○시 ○○구 ○○로 139
실습 내용	1주차	오리엔테이션, 교직실무 특강, 진로수업 참관, Wee클래스 홍보의 날 준비		
	2주차	'학교상담컨설팅' 발표 및 토론, Wee클래스 홍보 주간 '땡큐데이(Thank you day)' 실시, 동아리 활동 '솔리언 또래상담' 실시		
	3주차	'학교상담컨설팅' 발표 및 토론, 학생정서행동특성검사, 접수면접상담, SSI-Beck 및 SDS 심리검사 실시, 친구관계증진 집단상담 프로그램 계획 및 1~2회기 실시, 진로 '조부모의 날' 행사 안내, 사회수업 참관		
	4주차	학생정서행동특성검사, 접수면접상담, SSI-Beck 및 SDS 심리검사 실시, 친구관계증진 집단상담 3~8회기 실시, 미술교생 수업 참관, 교내 체육대회 참가 및 장내 지도		
실습에서 배운 지식 및 기술	행정적 측면	2009개정 교육과정 연수, 공무원복무규정 및 교무행정 일반, 학교경영방침 및 교사의 자세, 진로지도 및 상담의 필요성, 학교시설 안내, 생활기록부 기재 요령, 학교폭력 예방과 성희롱 예방에 관한 연수, 창의적 체험활동 운영 안내, 학생생활 지도		
	실천적 측면	집단상담 운영, 개인상담 전 접수면접상담 실시 및 실습지 작성 요령, 심리검사 해석 실시 및 개인상담 사례 개념화 작성 요령, Wee클래스 홍보 행사 준비, 집단상담 리더경험 보고서 및 관찰 보고서 작성		
	교육적 측면	학생 위기의 유형별 원인과 특성, 상담기법, 학생상담 사례별 토론 및 피드백, 다루기 힘든 청소년에 대한 상담기법, 교사의 수업전문성 신장을 위한 팁, 교단 선진기자재 활용 자료 제작		
실습 기간 자세 및 노력 평가	업무 수행	앞의 내용에 대하여 모두 업무를 수행하였음.		
	실습 태도	집단상담 및 개인상담에 대한 사전계획 및 상담 시 적용 모든 실습 일정에 성실히 최선을 다함. 꼼꼼한 상담일지 작성, 학교현장의 긍정적 태도		
실습 소감	좋았던 점	상담의 이론과 실제에 대한 체계적 실습교육과 피드백		
	어려웠던 점	학교현장 특강 및 행사, 상담실습에 이르기까지 매우 빠듯한 계획과 일정		
	평가 및 제언	19일의 짧은 상담실습 기간에 집단상담, 개인상담, 심리검사 등 학생상담 전반을 아우르는 교육실습을 할 수 있었던 점과 그러한 실습 과정이 상담실습의 모델이 되어 후배들에게도 양질의 교생실습이 되기를 바란다.		
	앞으로의 계획	교생실습 동안 익힌 학생상담을 항상 기억하고, 경험한 상담실습의 내용을 바탕으로 상담현장에서 잘 활용하고 적용하도록 노력한다.		

3. 실습일지 서식 예시 모음 ● 143

교육 실습 소감문

○○대학교 교육대학원 상담심리 교육실습생 ○○○

1. 시작하면서

실습을 나가기 전 바로 코앞으로 다가온 '상담교생실습'은 내게 가장 큰 걱정거리였고 넘어야 할 큰 산과
도 같은 것이었다. 교육대학원을 가기 전 상담심리전공으로 다시 학부에 편입해 2년을 공부한 덕분에 상담교
사 자격증이 나오긴 했으나, 지금까지 막연하게만 상담교사가 되어 학교상담실에서 상담을 해 볼까라고 생
각했을 뿐 실상 교직이 천직이라는 확고한 의지도, 꿈도 없었다. 교직이란 그저 내게 막연한 꿈과도 같은 것
이었다. 그래서인지 대학원 3학기가 시작한 3월부터 5월에 시작할 교육실습을 대비해 어떻게 보내야 할지,
어떻게 학교현장에서 개인상담을 하고 집단상담을 이끌지, 상담교사도 수업이라는 것을 하는지 궁금하기도
하고 걱정도 되었다. 과연 내가 해 낼 수 있을까라는…… 하지만 한편으로는 좋은 기회이기도 했다. 그저 막
연한 꿈이었던 '상담교사'라는 직업이 내게 맞는 것인지, 계속 교직에 대한 꿈을 안고 정진해야 할 것인지 시
험해 볼 수 있는 *Turnning Point!* 실습 첫날인 5월 6일, 첫 출근부터 만만치 않은 높이의 학교를 올라가면
서 예전 나의 여고시절도 떠올리며 공기 좋은 곳에 자리 잡은 ○○중학교를 만날 수 있었다. 초등학교와 마
주보고 있고, 아파트 단지와 더불어 아기자기한 동네 모습이며, 자연이 잘 어우러진 남녀공학 중학교였다.
교생담당교사로서 항상 밝게 웃으시는 ***선생님과의 첫인사를 시작으로, 긴장, 불안, 초조, 부담 반 걱정
반, 설렘 반 기대 반으로 교생실습은 시작되었다. 학구적인 ○○중학교여서인지 특강이 매우 많았는데 이것
은 학교의 전반적인 사항들을 체계적으로 알 수 있는 기회가 되었다. 무엇보다 1교시 교장선생님의 특강은
○○중학교의 교육이념과 목표, 그리고 학교의 특성을 알 수 있는 의미 있는 시간이었다. 공부만 강조하는
현실에서 '체(體)'를 강조해 학생들의 건강과 체력을 키우는 모습은 정말 배울 점임을 느꼈다. 사실 건강하
지 않으면 아무 것도 할 수 없지 않은가! 교감선생님께서 학교 내 특별실들을 안내해 주신 것도 처음 학교를
파악하는 데 중요하였다. 학교시설이 어느 정도 규모인지, 어떻게 실습하고 공부하고 있는지, 그리고 중앙복
도에 전시되어 있는 큰 사진 패널의 지덕체를 알리는 교육이념도 학생들의 평소 학교생활에 자연스럽게 스
며들지 않을까 싶었다. 이어진 공무원 복무규정 및 교무 행정 일반, 교육연구부장선생님의 2009개정 교육과
정 연수도 있었고, 진로지도 및 상담의 필요성과 현황, 봉사활동에 대해 친절하게 설명해 주시면서 앞으로의
진로상담에 대한 기본 마음자세를 일깨워 주신 진로부장선생님의 열정적인 모습도 떠오른다. 또 수석부장선
생님을 보면서 학생과 후배를 아끼시는 마음을 볼 수 있었다. 학교생활 전반에 대한 바람직한 교사상, 학습
지도안 계획, 수업 준비, 참관수업 등에 대해 유머러스하고 알기 쉽게 안내해 주시고 설명해 주시는 유쾌한
모습을 보면서 정말 ○○중학교를 든든하게 지켜 주시는 보석 같은 선생님 중의 한 분이 아닐까 싶었다. 이
러한 교사상을 나도 배우며 따르고 싶은 마음이 간절해졌다.

2. ○○중학교의 상담실 Wee클래스

○○시 ○○구 ○○로에 위치한 ○○중학교는 전교생이 854명(1학년: 295명, 2학년: 280명, 3학년: 279명,
총26학급)이고, 아파트 단지 옆에 위치하여 학생 수가 많은 학교다. 규모가 큰 데 비해 학생들은 순수하고 바
른 모습이 인상적이었다. 상담실습의 특성상 반을 따로 맡지는 않았지만 학생들과는 마주칠 일이 많았고 친
근함도 곧 느낄 수 있었다. 아침 교문 지도, 점심시간 급식 지도를 평균 주 1회 정도 하고, 등하교 시간이나
쉬는 시간에 복도에서 오며 가며 마주치는 순간에도 인사와 짧은 대화를 하면서 바쁠 땐 미소로 답하기도 하
였다. 이렇게 학생들은 언제든 볼 수 있었다. ○○중학교의 상담실은 입구 문 위에 붙여진 예쁜 팻말이 말해
주듯 교육청의 Wee클래스와 연계된 시스템으로 운영되고 있었다. 상담실에 들어서니 그곳은 밝고 환하여
편안함을 주었고, 상담선생님의 신뢰롭고 따뜻한 웃음이 더욱 편안함을 느끼게 해 주었다.

상담실습 첫 주(5월 6일~5월 10일)에는 5월 감사의 달을 맞아 선생님과 친구들에게 감사함을 전하며 평
소 얘기하지 못했던 마음을 표현하는 행사를 준비하였다. 아기자기하게 안내게시판과 감사나비카드 540장
을 만들고, 사진 콘테스트를 개최해 행사의 재미를 더하고자 했다. 이렇게 5월 14~16일 3일간 전 학년을 대
상으로 실시하여 친밀했던 스승과 제자 관계는 더욱 돈독해질 수 있었고, 어색했던 관계는 친밀한 표현을 할
수 있는 기회를 갖게 되었다. 또한 친구관계에서도 감사나비카드를 전달함으로써 더욱 우애 있는 친구가 될

수 있었고, 소원했던 사이에는 소통의 시간이 주어졌다. 감사나비카드를 만드는 내내 함께한 교생선생님들의 열정과 정성이 지금도 생생하며, 상담선생님의 기뻐하던 모습, 학생들이 주뼛거리며 사진을 찍으러 가지 못하자 카드를 전달받을 선생님과 사진을 찍도록 적극 지원하던 모습 등이 주마등처럼 순간 흘러갔다. 매우 감동적인 시간이었다. 학생들의 마음을 열고 정성을 들이는 소중하고도 뜻 깊은 행사였다.

둘째 주(5월 13일 ~ 5월 16일)는 앞으로 있을 개인상담, 또래집단상담, 심리검사 해석, 학생정서행동 특성검사, 자살고위험군 심리상담 등 위기청소년에 대한 사전준비단계로 '학교상담컨설팅'의 시간이었다. 3명의 상담실습생은 각각 '학생위기 유형과 전문상담기법', '다루기 힘든 청소년을 위한 효과적인 청소년상담', '학교생활 컨설턴트 상담 사례집'에 대한 연구발표 및 토론을 거쳐 상담 실시 전에 철저한 준비와 대비를 하였다. 또한 친구관계증진을 위한 또래집단상담 8회기를 구성하고 실시하기 위한 프로그램 전체 목록 작성, 회기별 세부 목록 작성, 회기별 활동지, 준비물, 간식 등을 점검하고 계획하였다.

셋째 주(5월 20일~5월 24일)는 친구관계증진을 위한 집단상담 '반갑다 친구야! 우리 멋진 친구 돼' 1~4회기까지를 수요일과 금요일에 각 2회기씩 진행하였다. 이번 상담실습에서 내가 맡은 프로그램으로는, 먼저 전체 목록을 짜고 1~2회기 프로그램의 세부 목록과 활동지를 준비하였으며, 나머지 3~8회기는 2명의 상담실습선생님이 활동지 등을 준비하여 1~6회기 집단상담 리더가 되어서 집단을 진행하셨다. 평소 친구 관계에 어려움을 보이는 소심하고 마음이 약한 학생들과 자신의 의사를 잘 표현하지 못하는 학생들을 위한 또래집단상담이었다. 남학생 4명과 여학생 4명으로 구성하여 처음 라포 형성에 신경을 많이 썼다. 일반적인 학생들을 대상으로 하는 것보다 더욱 긍정적이고 개방적이며, 자유로운 분위기를 유지하면서 끊임없이 피드백하여 드러내지 못하고 웅크린 마음을 열어 주었다. 다행히 게임으로 즐거워하고 그 속에서 프로그램의 목표를 인지하며, 자유롭게 의사를 표현할 수 있었다. 매 회기에 대해서 리더경험 보고서 및 소감 보고서, 관찰자 경험 보고서를 작성하여 상담선생님의 피드백을 받음으로써 개선할 점, 배울 점, 느낀 점 등을 실습생들끼리 서로 배울 수 있었다. 집단 회기가 끝날 때마다 느낌 나누기를 하는 것처럼 교육 목표 달성을 위한 반성과 추후 상담 준비를 위해선 매우 중요한 시간이었다. 또한 셋째 주의 특별한 점은 진로상담부에서 '조부모의 날'을 운영해 학생들의 할아버지, 할머니를 학교에 초대하여 손자들에 대한 관심과 지원을 받고, 그들과 협조를 이루어 나가고 있었다는 점이다. 이를 통해 학생들의 정서적 자원을 넓힐 수 있겠다 싶었다. 핵가족으로 무너진 가족 체계를 바로 세우는 데 학교에서 신경을 쓴다면 훨씬 효과적으로 도움이 될 것이다. 그리고 MMTIC 성격유형 심리검사를 한 학생에 대해 해석과 피드백을 하였다. 매년 실시하는 자살예방 및 관리를 위한 학생정서행동 특성검사 결과에 따라 자살우선관리 대상자 학생에 대한 접수면접 개인상담을 준비하고 실시하였다. 우선 2학년을 2명씩 맡아 접수면접 상담을 실시하였는데 사례 개념화를 작성하기 위해서 축어록이 필요했다. 이에 학생의 동의를 얻고 녹취를 함께하였다.

마지막 넷째 주에는 지난주에 이어 이틀에 걸쳐서 상담실습생 1인당 8명의 학생을 맡아 접수면접 개인상담을 하였고, 또래집단상담을 5~8회기까지 진행하며 마무리하였다. 개인상담 시 처음 회기는 접수면접 상담으로 시작한다. 내담자의 가계도, 부모님, 형제, 내담자의 성격 및 특성, 자살 생각을 하게 된 이유, 자살 방법, 그 외의 고민 등을 알아보는 시간으로 내담자가 상담을 계속할지 말지를 결정하는 매우 중요한 순간이었다. 신뢰롭고 편안한 분위기를 형성하여 내담자의 고충을 최대한 공감해 줘야 하며, 상담자의 전문성도 중요하다. 상담은 내담자가 자신보다 전문 지식으로나 경험적으로 연륜이 있는 사람에게 도움을 얻기 위해 하는 것이기에 상담자의 실제적인 전문성과 능력을 내담자가 인식하는 것은 상담 초기 상담자와 내담자의 신뢰관계 구축은 물론 보다 효과적으로 상담을 진행해 나가는 데 큰 역할을 할 수 있다. Wee클래스의 검사 결과를 알려 주는 과정에서 자신이 자살 생각을 하는 대상자라는 사실을 안 순간 학생들은 당황하고 긴장했다. 그러나 앞으로 자살 예방 및 자신의 내면을 바라보고 스스로를 성숙시킬 수 있는 좋은 계기가 될 것임을 안내했을 때는 안심하고 자신의 이야기를 솔직히 꾸밈없이 털어놓았으며, 반면 힘든 상황이 떠오르면 얼굴이 이내 침울해졌다. 하지만 대부분 자신의 마음을 얘기하며 상담자의 의견을 무시하지 않고 잘 받아들였다. 그리고 상담자의 조언을 수긍하는 태도를 보였다. 사실 상담교사 실습은 그동안 체계가 없을 정도로 드문 교육현장이었다. 그러나 전문상담선생님의 적극적인 수용 덕분에 상담실습생으로서 처음으로 귀한 체험을 할 수 있었다. 꼼꼼하고 세밀하게 상담교사를 위한 실습준비를 해 주신 상담선생님께 감사의 말씀을 전해 올린다. 또한 교육실습생을 환영해 주시고 무한한 배려와 사랑을 주신 ○○중학교의 교장선생님, 교감선생님, 교무부장선생님, 그 외 모든 선생님께 정말 감사드리고 평생 잊지 못할 예비 상담교사로서의 첫발을 디디게 해 주신 점에 대해 깊고 무한한 존경의 마음을 전한다.

[서식 20]

상담실습 평가서

1. 실습학교명 : ○○중학교

2. 실습 기간 : 2013년 5월 6일 ~ 5월 31일

3. 지도교사

직 위	성 명	담당 업무	비 고
전문상담교사	박○○	상담	

4. 실습 내용

구 분	제 1 주	제 2 주	제 3 주	제 4 주
활동	학교 Wee클래스 운영에 대한 오리엔테이션	집단상담 참관, 접수 면접, 상담신청 실시	개인상담 및 집단상담 진행, 심리검사 실시, 집단상담 수업계획안 작성	개인상담 및 집단상담 진행, 심리검사 실시, 집단상담 수업 진행 및 일지 기록 마감

5. 상담실습생 평가

학과명	성명	근무태도 (10%)	자질 (15%)	상담활동 (50%)	연구조사 활동 (15%)	학급경영 및 사무처리 (10%)	총점 (100%)	비고
교육학과	윤○○	10	15	50	15	10	100	

위 사실을 확인함.

작성자 : 교사 박 ○○

2013년 5월 30일

○ ○ 학 교 장 (직인)

[서식 21]

실습 기관 평가서(실습생용)

　이 설문지는 학교에서 이루어지는 전문상담교사 실습을 희망하는 학생들에게 실습기관에 대한 도움을 주기 위해 제작한 설문지입니다. 설문 내용은 응답자의 평가 점수에 반영되지 않으며, 실습 희망 학생들을 위한 정보제공용으로만 사용될 것이므로 본인의 실습 경험과 실습 기관의 프로그램 운영에 대한 본인의 생각을 솔직하게 표현해 줄 것을 부탁드립니다.

1. 상담실습생 인적사항
　• 성　명: 백○○　　　　　　　　　• 학 번: 20121○○○○○○
　• 학 과: 교육학과　　　　　　　　　• 전화번호(HP): 010-7×××-○○○○

2. 실습학교 정보
　• 학 교 명: ○○중학교
　• 주　　　소: ○○시 ○○구 ○○○로 139

3. 실습 기간 동안의 주요 실습 활동 혹은 담당 업무는?(복수 응답 가능)
　✔① 상담 업무 보조　　　② 교육 지원 보조　　　✔③ 상담실 홍보
　✔④ 심리검사 실시　　　⑤ 상담실 행정 업무 보조　　⑥ 기타 잡무 _____

4. 실습 경험에 대한 설문

내 용	1	2	3	4	5
전반적인 실습 지도의 체계성					✔
실습 지도 프로그램에 대한 만족도					✔
실습 지도교사의 전문성					✔
실습을 희망하는 후배들에게 기관을 추천하는지 여부					✔

　　　　1: 전혀 아니다.　2: 아니다.　3: 보통이다.　4: 그렇다.　5: 매우 그렇다.

5. 실습한 기관의 특징이나 장점 한 가지를 후배에게 전한다면?
　20여 년의 교직생활 경력에서 오는 학생현장 경험 및 전문상담교사로서 상담이론과 실무에 대해 체계적으로 상담실습교육을 전수해 주신 것이 매우 큰 장점이었다.

참고문헌

강선보, 권대봉, 오영재, 한용진, 홍기춘(2004). 최신 교육실습론. 서울: 학지사.

김민숙(2012). 상담교사의 공감능력, 직무만족도, 상담만족도가 심리적 안녕감에 미치는 영향. 배재대학교 교육대학원 석사학위논문.

김선희, 조휘일(2000). 사회복지실습. 서울: 양서원.

김영호, 오정욱, 이은경(2001). 사회복지 현장실습의 이해. 서울: 양서원.

김헌수, 이난(2010). 교육실습의 이론과 실제. 서울: 태영출판사.

김희성, 나용선(2008). 사회복지현장실습 매뉴얼. 파주: 양서원.

박용권(2009). 사회복지현장실습. 서울: 신정.

안금옥(2010). 전문상담교사 직무에 관한 연구. 강남대학교 교육대학원 석사학위논문.

안정선, 윤철수, 진혜경, 박경현(2010). 학교사회복지 현장실습 지도 매뉴얼. 파주: 양서원.

오혜경, 하지영(2007). 사회복지현장실습 매뉴얼. 파주: 양서원.

유형근(2006). 전문상담교사 양성을 위한 교육실습방안 연구. 학습자중심교과교육학회지, 6(2), 215-233.

이대균, 이선정, 임자영, 박지선(2009). 교사 효능감 증진을 위한 유아교육실습. 고양: 공동체.

이수현(2008). 수퍼비전 기대 척도 개발 및 타당화 연구. 숙명여자대학교 대학원 박사학위논문.

이한녕(2005). 상담자성숙도 검사개발 및 타당화 연구. 가톨릭대학교 대학원 석사학위논문.

임상록, 오미희, 노길희, 박일연, 이승헌(2009). 사회복지현장실습 매뉴얼. 파주: 양서원.

주나현(2011). 교육실습일지 분석을 통한 중등음악과 교육실습생의 수업 경험 연구. 이화여자대학교 교육대학원 석사학위논문.

진해영(2007). 중등학교 학생들의 상담인식에 기초한 학교상담 활성화 방안: 전문상담교사 양성과 관련하여. 숙명여자대학교 교육대학원 석사학위논문.

진영은, 조인진(2006). 예비교사 워크북: 교육실습의 이론과 실제. 서울: 학지사.

한국교원교육학회(2001). 교육실습의 이론과 실제. 서울: 교육과학사.

한국방송통신대학교(2011). 보육실습일지. 서울: 한국방송통신대학교 가정학과.

한국방송통신대학교(2011). 보육실습 오리엔테이션 자료집. 서울: 한국방송통신대학교 가정학과.

한상효, 유평수, 서재복, 최지은(2009). 교육실습의 이론과 실제. 파주: 교육과학사.

Royse, D., Dhooper, S., & Rompf, E. (2007). *Field instruction: A guide for social work students.* Boston: Pearson Educational.

저자 소개

천성문
영남대학교 대학원 교육학 박사(상담심리학 전공)
상담심리사(1급), 수련감독전문상담사, 정신보건임상심리사 외
전국대학상담센터협의회 회장 역임
한국학교상담학회 및 한국대학상담학회 회장 역임
현 경성대학교 교육학과 및 임상재활심리학과 교수
　　경성대학교 학생상담센터소장 및 한국중독상담학회 회장
대표 저서 『상담심리학의 이론과 실제(2판)』(공저, 2009, 학지사)

박명숙
경성대학교 대학원 교육학 박사(상담심리학 전공)
학교상담전문상담사(1급), 전문상담교사(1급), 교육치료사(1급)
현 경성대학교 교육대학원 겸임교수
　　부산 용문중학교 교사
대표 저서 『상담심리학의 이론과 실제(2판)』(공저, 2009, 학지사)

함경애
경성대학교 대학원 교육학 박사(상담심리학 전공)
경성대학교 학생상담센터 상담인턴과정 수료
교육치료사(1급), 전문상담교사(1급) 외
현 경성대학교 교육대학원 겸임교수
　　부산 동양중학교 전문상담교사
대표 저서 『행복한 학교를 위한 학교집단상담의 실제』(공저, 2011, 학지사)

김미옥
경성대학교 대학원 교육학 박사(상담심리학 전공)
경성대학교 학생상담센터 상담인턴과정 수료
교육치료전문사(1급), 교육컨설팅전문가(2급), 상담심리사(2급)
현 경성대학교 교육대학원 외래교수
　　마음나무심리상담센터 센터장

학교상담 교육실습 매뉴얼

2014년 2월 15일 1판 1쇄 인쇄
2014년 2월 25일 1판 1쇄 발행

지은이 • 천성문 · 박명숙 · 함경애 · 김미옥
펴낸이 • 김진환
펴낸곳 • (주) 학지사

　　　　　121-837 서울시 마포구 양화로 15길 20 마인드월드빌딩 5층
대표전화 • 02-330-5114　　팩스 • 02-324-2345
등록번호 • 제313-2006-000265호

홈페이지 • http://www.hakjisa.co.kr
커뮤니티 • http://cafe.naver.com/hakjisa

ISBN 978-89-997-0311-9 94180
　　　978-89-997-0310-2(set)

정가 10,000원

인터넷 학술논문 원문 서비스 뉴논문 www.newnonmun.com

이 도서의 국립중앙도서관 출판시도서목록(CIP)은 서지정보유통지원
시스템 홈페이지(http://seoji.nl.go.kr)와 국가자료공동목록시스템
(http://www.nl.go.kr/kolisnet)에서 이용하실 수 있습니다.
(CIP 제어번호: CIP2014003926)